소리로
흐르는
육아

KB195050

소리로 흐르는 육아

부모의 내면을 비추며 흘러가는 육아 법칙

초 판 1쇄 2025년 02월 25일

지은이 장보원
펴낸이 류종렬

펴낸곳 미다스북스
본부장 임종익
편집장 이다경, 김가영
디자인 윤가희, 임인영
책임진행 안채원, 이예나, 김요섭, 김은진, 장민주

등록 2001년 3월 21일 제2001-000040호
주소 서울시 마포구 양화로 133 서교타워 711호
전화 02) 322-7802~3
팩스 02) 6007-1845
블로그 http://blog.naver.com/midasbooks
전자주소 midasbooks@hanmail.net
페이스북 https://www.facebook.com/midasbooks425
인스타그램 https://www.instagram.com/midasbooks

ⓒ 장보원, 미다스북스 2025, *Printed in Korea*.

ISBN 979-11-7355-098-0 03370

값 19,000원

미다스북스는 다음세대에게 필요한 지혜와 교양을 생각합니다.

부모의 내면을
비추며 흘러가는 육아 법칙

소리로 흐르는 육아

장보원 지음

미다스북스

차례

마음을 여는 첫 번째 소리,
엄마의 심장

우리 모두는 엄마의 심장소리를 들으며 자랐습니다. 태내에서부터 들었던 규칙적인 심장박동과 양수를 타고 전해진 목소리는 우리가 들은 최초의 음악입니다. 그 소리는 지금도 우리 몸속 어딘가에 각인되어 있습니다. 그래서 우리 모두는 음악적입니다.

16년간 유치원 교사로 일하며 이 사실을 수없이 확인했습니다. 단체 활동에 적응하기 어려운 아이, 한 곳에 앉아있기 힘든 아이, 친구와 관계 맺기 어려운 아이들도 노래할 때는 모두 동그랗게 모여 앉았고 신기한 소리를 내는 피아노 반주에 집중했습니다. 그리고 다양한 표정으로 시시각각 변하는 제 얼굴을 바라보며 자연스럽게 눈을 맞출 수 있었습니다. 언어가 지연된 아이도 일정한 구조의 노래를 반복하여 부르면 어느새 흘러가는 음악적 흐름 안에서 간단한 멜로디로 노래했습니다. 또래에게 관심 없던 아이들도 옆 친구와 동일한 악기를 가지고 서로 부딪혀 소리 내는 음악활동에 자발적으로 참여했습니다. 이런 현상들은 비단 아이들에게만 나타나는 특징이 아닙니다. 부모교육 강연을 위해 만났던 많은 부모님들을 통해서도 비슷한 행동들을 보았습니다. 간단한 인사 노래가 시작되면 부모님들은 누가 먼저랄 것도 없이 모두 동일한 속도로 손뼉을 치거나 정확한 타이밍에 다 같이 노래했습니다. 성인들과 함께하는 음악활동의 특징은 노래 한 곡이 흐르는 그 짧은 시간 내에서도 서로의 감정이 전이되고 공유되는 경험이 가능하다는 것입니다. 이러한 장면이 가능한 것은 사람은 태어날 때부터 몸과 마음에 기본적인 음악 요소가 내재되어 있기 때문입니다. 기본적으로 장착된 리듬과 멜로디를 통해 상호 간 감정과 정서를 교감할 수 있기 때문입니다. 생명이 잉태되는 고귀한 그 순간, 우리 모두는 음악적이었습니다. 우리 모두는 엄마의 심장소리라는 완벽한 리듬과 엄마의 목소리라는 최고의 멜로디를 들으며 이 세상에 존재하게 되었습니다. **이것이 바로 제가 음악을 통해 육아를 이야기하려는 이유입니다.**

일반학급 교사로 근무하며 한계에 도달하게 됐습니다. 유독 교직 초

년 시절부터 특별한 행동과 마음을 보이는 아이들을 많이 만났지만, 제 능력으로는 이 아이들을 충분히 지원하기가 어려웠습니다. 교사로서 무력감을 느끼기도 했습니다. 학급 담임교사라는 책임감과 사명감으로 특수교육과 음악치료를 공부했습니다. 이 과정을 통해 깨달은 것이 음악이란 단순한 소리의 나열 그 이상이라는 것입니다. 사람은 태내에서부터 일정한 비트, 진동, 높고 낮은 소리에 본능적으로 반응하는 음악적 존재이기 때문에 불안, 두려움, 기쁨, 행복 등의 감정도 수많은 리듬과 멜로디로 표현하고 공유하며 해소할 수 있을 것이라는 믿음이 생겼습니다.

저는 교육 현장과 상담 현장에서 만난 아이들, 부모님과의 관계를 통해 육아의 본질을 발견했습니다. 육아는 '흐르는 것'입니다. 마치 폭포수가 위에서 아래로 흐르듯 부모의 모든 것이 자녀에게 그대로 흘러가는 것입니다. 불안한 부모 밑에서 평온한 아이를 만나기 어렵습니다. 반면 건강한 부모들은 과도하게 아이의 성장을 두려워하지 않습니다. 이 본질적 개념은 두 아들을 키우며 절실히 체감했습니다. 첫째 아이가 초등학교 4학년 때부터 3년이나 틱 증상을 보였을 때 시간이 훌쩍 지나고 나서야 내 안에 불안이 있었음을 알아차리게 되었습니다. 감정 표현이 솔직하여 오해받지 않을까 염려되는 둘째 아이를 보면서도 내 안에 똑같은 모습이 있다는 것을 발견하고 다시 한번 '흐름의 법칙'을 확인하게 되었습니다. 결국 육아란, 부모로서 내가 어떤 사람인지 진짜 내 모습을 알아가는 과정입니다. 마주할 용기가 나지 않아 감춰두었던 내 모습을 기꺼이 직면하는 일이며 나의 모든 것이 내 아이에게 가감 없이 흘러가는 것을 묵묵히 지켜보는 일입니다.

유치원 교사, 특수교사, 음악치료사로서 마주한 교실의 경험과 두 아들을 키운 엄마로서의 체험을 바탕으로 이 책이 시작되었습니다. 교실에서 만난 그 아이가 행복할 수 없었던 이유, 그 어머님의 육아가 버거울 수밖에 없었던 이유, 부모라는 자리가 거북스러웠던 사람들의 이야기, 그리고 아들을 통해 엄마로 교사로 깨닫고 성장했던 저의 시간과 의미를 담았습니다.

"선생님, 저는 쟤 낳은 것을 후회해요. 쟤만 없었다면 내 인생은 더 편했을 거예요."

"부모라는 자리가 행복하지 않아요. 잘 못하겠고 하기 싫어요. 우리 애가 버겁기만 해요."

"육아는 자식을 위해 내 인생을 통째로 헌신하는 거 아닌가요?"

부모의 자리가 두렵기만 한 분들과 함께 육아의 본질과 건강한 부모 됨에 대해 나누고 싶습니다. 오로지 아이에게만 집중된 좁은 시선이 아닌 부모인 나 스스로를 객관적으로 바라보고 성찰하는 데서부터 시작되는 진정한 육아의 시점을 공유하고 싶습니다. 모든 부모님들이 현재 자신의 모습을 돌아보고 회복하길 바랍니다. 부모라는 자리가 이 세상 그 어떤 위치보다 존귀하고 가슴 벅찬 자리임을 느끼길 바랍니다.

1장에서는 사람이 음악적 존재인 이유와 음악이 사람의 몸과 마음을 어떻게 조율하고 조절하는지에 대해 설명했습니다. 2, 3장에서는 육아의 본질을 흐름의 개념을 활용하여 소리와 연관 지었으며 부모로서 자신을 객관적으로 바라볼 수 있는 다양한 사례를 소개했습니다. 4장은 육아 현장에서 실질적으로 활용할 수 있는 음악 사용법들을 부모용과 아이용으로 나누어 추천했습니다. 이 책을 통해 우리 모두가 들었던 그 첫 번째 소리, 엄마의 심장소리처럼 따뜻하고 안정적인 육아의 리듬을 함께 찾아갈 수 있기를 바랍니다. 왜냐하면 목숨을 걸고 한 생명을 품어 낳고 기르며 피, 땀, 눈물을 흘린 부모로서 여러분의 인생이 그 무엇보다 소중하기 때문입니다. 이 귀한 일에 동참하고 있는 육아의 동지들이 자신을 사랑하며 자녀들에게 아낌없는 사랑과 격려를 흘려보냄으로 오늘도 **'행복하고 편안한 부모'**가 되기를 진심으로 바랍니다. 나는 행복하지 않지만 내 아이만큼은 행복하길 바라는 왜곡된 시선을 고수하지 않았으면 합니다. 모든 것은 위에서 아래로 흐릅니다.

이 책이 나오기까지 도와주신 분들께 감사드립니다. 건강한 몸과 마음, 그리고 믿음을 물려주신 사랑하는 부모님과 양가 가족들, 저를 행복한 엄마로 만들어주는 사랑스러운 두 아들과 비전을 나눌 수 있는 최고의 파트너인 남편에게 고마움을 전합니다. 마지막으로 언제나 내 모습 이대로 '보기에 좋다'고 말씀하시는 나의 하나님께 감사드립니다.

2025년 2월
장보원

1장

우리는 모두
음악적
존재입니다

태내에어부터 시작된 리듬

우주의 모든 것에는 리듬이 있고, 모든 것이 춤춘다.

마야 안젤루

우리 모두는 음악적 존재라는 말에 동의하시나요? 혹여나 과장된 것처럼 들리시나요? 또는 '난 음치인걸요.', '악기는 한 번도 다뤄본 적 없는데요.'라고 생각하시나요? 하지만 이는 엄연한 사실입니다. 우리는 모두 태내에서부터 가장 완벽한 리듬과 가장 아름다운 멜로디를 들으며 자랐기 때문입니다.

이 세상 모든 사람들은 태내에서부터 일정한 비트의 엄마 심장소리와 가장 편안한 멜로디인 엄마 목소리를 들으며 성장했습니다. 엄마의 심장소리는 우리가 들은 최초의 리듬이었습니다. 규칙적으로 뛰는 심장은 우리 각자에게 가장 안정적인 메트로놈의 역할을 한 셈이죠. 이 심장박동은 60~80bpm(분당 박동 수)의 속도로 40주 동안 하루

24시간 쉬지 않고 뜁니다. 마치 어머니가 자장가를 끊임없이 불러주는 것처럼 말이죠. 이것이 바로 태아가 처음 경험한 시간적 배열에 근거한 소리(음가)입니다. 양수를 통해 전달된 생명의 리듬은 아기의 뇌에 가장 기본적인 박 개념을 심어줍니다. 그래서 우리는 심장박동과 비슷한 속도의 음악을 들으면 편안함을 느끼게 됩니다. 여기에 더해지는 멜로디는 엄마 목소리입니다. 이것은 태아가 경험한 최초의 공간적 속성(음고)입니다. 엄마가 말할 때마다 울리는 목소리 억양과 강세의 진동은 양수를 타고 아기에게 전달됩니다. 높낮이, 빠르기, 크기가 각각 다른 이 소리들은 태아의 청각을 자극하고 엄마의 감정을 실어 오롯이 태아에게 전달됩니다. 엄마가 기분 좋을 때의 높고 경쾌한 목소리, 피곤할 때의 낮고 느린 목소리, 화가 났을 때의 날카로운 목소리 등 다양한 음색과 톤을 아기는 그대로 느낍니다. 태아는 엄마의 목소리를 통해 세상에 나오기 전부터 이미 감정의 스펙트럼을 경험하고 있는 것입니다.

이것이 인간과 음악의 최초 만남입니다. 부모와 자녀의 첫 만남이 이토록 음악적이었던 것입니다. 출생 전 양수 환경에서부터 우리는 음악을 듣고, 느끼고, 반응하기 시작했습니다. 태아는 엄마 뱃속에서 심장박동과 목소리의 억양 및 강세를 통해 엄마의 정서를 간접적으로 경험하게 되고, 이렇게 시작된 음악적 경험은 태아의 몸에 자연스럽게 새겨집니다. 그래서 출생 직후 신생아들이 엄마의 심장소리와 비슷한 리듬의 자장가에 잘 반응하는 것입니다. 실제로 신생아실에서 아기들이 보챌 때 60~80bpm의 자장가를 들려주면 금세 진정되곤 하는데 이는 우연이 아닙니다. 모든 사람에게 이러한 원초적 음악 요소가 내재되어 있다는 것은 제가 16년간 교사로 일하며 수없이 확인했습니다. 이 사실은 발달 지연을 보이거나 장애가 있어 일반적 발달단계를 거치지 못하는 아이들을 통해 더욱 선명하게 드러났습니다. 단체 활동에 적응하기 어려운 아이, 한 곳에 앉아 있기 힘든 아이, 친구와 관계 맺기가 어려운 아이들도 노래할 때는 모두 동그랗게 모여 앉았고 신기한 소리를 내는 피아노 반주에 집중했으며 다양한 표정으로 시시각각 변하는 교사의 얼굴을 바라보며 눈을 맞출 수 있었습니다. 특히 놀라웠던 것은 언어가 지연된 아이들의 반응이었습니다. 발화가 어려운 아이도 일정한 구조의 노래를 반복하여 부르면 어느새 음악 구조 안에서 멜로디를 따라 소리 낼 수 있었습니다. 또래에게 관심이 없던 아이도 친구와 동일한 악기를 가지고 부딪쳐 소리 내는 순간만큼은 자발적이고 자연스럽게 상호작용할 수 있었습니다.

음악은 결코 특별한 재능 있는 사람들만의 전유물이 아닙니다. 갓 태어난 신생아부터 숨을 거두기 직전의 상태까지, 비장애인부터 중증장애인까지 음악은 자연스러운 표현 수단이자 소통의 도구입니다. 장애 유무와 관계없이 모든 사람은 내재된 음악성이 있기에 음악에 반응하고 음악적으로 표현하고 싶어 합니다. 우리 모두는 엄마의 심장소리라는 완벽한 리듬과 목소리라는 최고의 멜로디를 들으며 이 세상에 태어났으니까요. 음악은 우리의 본능이자 태생부터 함께한 표현도구이며 가장 자연스러운 감정의 언어입니다. 그리고 그 시작은 우리 모두가 경험한 **엄마의 심장소리와 목소리**입니다.

소리로 흐르는 육아

♪

말하기 전에 노래하는 아이들

음악은 인류의 보편적 언어이다.

헨리 워즈워스 롱펠로우

교사 생활 중에서 가장 인상 깊었던 순간은 바로 '안녕'이라는 간단한 인사말이 노래가 되어 교실을 채우던 때였습니다. 저는 일반학급 교사였음에도 특별한 행동, 특별한 마음을 내비치는 아이들을 많이 만났습니다. 어떻게 말해야 할지 몰라 친구들과 교사 얼굴에 침을 뱉는 아이, 교실 한편 어항 속 거북이 등을 돌멩이로 내리치고는 "거북이가 귀여워서요."라고 말하는 아이, 그리고 유치원 입학 기준인 다섯 살이 지났음에도 걷기 경험이 적어 계단을 내려오지 못하는 아이들까지. 이들은 일반교육 안에서 만나기엔 평범하지 않은 아이들이었습니다. 교사 초임 시절이었던 그 당시엔 이 아이들을 위해 할 수 있는 교수 방법이 충분치 않기에 교사로서 심각한 무력감을 느끼기도 했습니다.

언어가 지연된 여섯 살 해인이와의 에피소드입니다. 또래들은 이미 문장으로 대화할 때 해인이는 정확한 단어를 발음하는 것조차 어려웠습니다. 더욱 걱정스러웠던 건 말하려는 시도를 하지 않는 것이었습니다. 부모님의 근심은 날로 쌓여만 갔고 저 역시 교실 안에서 어떻게 도와줄 수 있을지 고민하고 있었습니다. 어느 날, 아침 모임 시간에 우리 반 친구들과 늘 부르던 인사 노래를 부르고 있었습니다. 해인이는 반 친구들이 노래를 부르든 인사를 하든 늘 관심 없이 돌아다녔습니다. 그런데 그날은 제가 노래 부르며 해인이가 있는 쪽으로 다가가 눈높이를 맞춰 앉은 후 "안녕, 해인아 안녕."이라고 노래한 뒤 손바닥을 내밀었더니 해인이가 반사적으로 자신의 작은 손바닥을 제 손에 맞닿게 내미는 것이었습니다. 해인이와 음악 안에서 손뼉 치기 인사가 처음으로 성공한 날이었습니다. 그렇게 며칠 뒤 또다시 인사 노래를 부를 때 해인이 앞에 키를 낮춰 앉은 후 "안녕, 해인아 안녕~" 하고 기다렸습니다. 동그란 눈이 놀라 더 커졌고 일어서지 않는 저 앞에서 해인이는 당황했지만 길지 않은 시간이 흐른 뒤 스스로 "아녀"라고 소리 내어 반응했습니다. 이 소리는 해인이가 저희 반이 되고 2개월 만에 자발적으로 인사한 첫 행동이었습니다. 해인이는 아침 모임 시간에 착석하지 않았지만 친구들과 선생님이 부르는 인사 노래를 수없이 들었습니다. "안녕, ○○야 안녕." 마디가 끝나면 다음 마디가 시작하기 전 친구들이 "안녕"이라고 말하는 음악 구조를 반복해서 경험했습니다. 해인이는 우리 반 인사 노래가 선생님과 친구들이 '안녕'이라고 노래하며 주고받는 A구간이 지나면 '우리 함께 인사해요.'라고 다 같이 부르는 B구간이 등장한다는 음악적 흐름도 이해하고 있었습니다.

"선생님과 친구들을 만나면 인사하는 거야. 따라해 봐. 안! 녕!"

"인사할 때는 눈을 쳐다봐야지. 여기! 여기! 선생님 쳐다봐."라고 반복하여 말하지 않았습니다. 해인이의 몸과 마음 안에는 우리가 함께 공유한 음악이 흐르고 있었고, 제가 해인이 앞에 다가선 그날, 그 흐름은 움직임과 소리로 발현되었습니다.

교사 시절 저의 교실에선 경쾌하게 울리는 아이들의 노랫소리가 늘 끊이지 않았습니다. 5세는 5세처럼 7세는 7세처럼 저마다의 바이브로 1년 내내 음악은 쉬지 않고 흘렀습니다. 일반학급이든 특수학급이든, 매일 같은 일상이든, 특별한 공개수업이든, 음악은 늘 함께했습니다. 아이들의 발달단계와 기능 수준에 따라 음악의 복잡성과 구조가 달라졌을 뿐 우리 모두는 음악 안에서 표현하고 반응하며 즐길 수 있었습니다. 왜냐하면 모든 아이들은 태내에서부터 엄마의 심장소리와 목소리라는 기본적인 음악 요소를 온몸에 장착했기 때문입니다.

부모교육을 위해 처음 뵙는 낯선 어른들의 모임에서도 음악은 동일한 힘을 발휘했습니다. 시작 전 "행복한 오늘입니다, 만나서 반갑습니다."를 노래하면 누가 시키지 않아도 다 같이 박자에 맞춰 손뼉을 치십니다. 그리고 마지막에는 약속이나 한 것처럼 미소를 띠며 환호를 보내십니다. 부모라는 거대한 책임감을 안고 매 순간 어려움을 마주하는 부모들에게 "어머니, 이렇게 하시면 안 됩니다, 됩니다."를 어쭙잖게 구구절절 설명하지 않았습니다. '**엄마도 무서워, 엄마라서 버티는 거야, 널 사랑해서 서 있는 거야.**'라는 노래 한 소절을 함께 들으면 그곳에 모인 모두의 마음과 생각이 연결되는 감동을 느낄 수 있었습니다. 음악에는 정답이 없습니다. 틀린 음정도, 어색한 리듬도 모두 공명되어 우리 안에 흐릅니다.

저는 어릴 적부터 다양한 음악적 환경에 노출되어 성장했습니다. 저희 어머니는 저를 임신했을 당시 동네 작은 교회에서 일주일 내내 모든 예배 반주를 도맡아 하셨습니다. 빛바랜 사진이 말해주듯 제가 네다섯 살 무렵엔 가정 피아노 레슨도 하셨습니다. 뱃속부터 들어온 다양한 장르의 음악과 영유아기 시절 수년을 반복해 들었던 바이엘부터 체르니까지의 다채로운 클래식 멜로디는 저의 귀와 마음에 각인되었습니다. 이런 성장배경 덕분에 저의 교실에서는 자연스럽게 '안녕' 노래로 시작하여 '안녕' 노래로 마치는 수업이 일상화될 수 있었습니다. 유명한 음악 교육자의 말을 빌리지 않아도 모든 아이들이 음악적이라는 것은 자명합니다. 아니, 모든 사람은 음악적입니다. 이 세상 모든 사람들은 태내에서부터 일정한 비트와 가장 편안한 멜로디를 들으며 성장했기에 모든 사람에게는 원초적 음악 요소가 내재해 있습니다.

그래서 아이들은 말보다 노래를 먼저 선택하게 됩니다. 누군가는 더 디게, 누군가는 빠르게, 하지만 모든 아이들은 자신만의 속도로 노래하며 이 세상과 소통하기 시작합니다. 교실에서 만난 수많은 아이들이 그랬습니다. 그들은 정확한 단어를 말하기 전 노래로 마음을 전했고, 문장을 완성하기 전 멜로디로 대화했습니다. 말이 없어도, 아니 말보다 더 깊이 서로의 마음을 나눌 수 있게 하는 것. 이것이 바로 **음악이 가진 힘**입니다.

♪

우리 몸에 흐르는 과학적 음악

우리의 뇌는 음악과 움직임, 감정을 연결하도록 설계되어 있다.

대니얼 J. 레비틴

　음악이란 단순히 악보 위의 음표만을 의미하지 않습니다. 그것은 우리 몸속에 살아 숨 쉬는 자연스러운 움직임입니다. 심장이 뛰는 간격, 숨을 쉬는 패턴, 일정한 걸음걸이까지 우리 몸은 수많은 리듬으로 가득합니다. 저는 이것을 교회 밴드 활동을 하며 깊이 체험했습니다. 아토피가 심했던 20대 시절은 손가락이 나뭇가지처럼 딱딱하게 굳어버리고 피부가 찢어져 피가 나는 날들의 연속이었습니다. 그런데 신기하게도 건반 앞에만 앉으면 저의 몸과 마음은 달라졌습니다. 손가락이 잘 구부러지지도 않았는데 연주가 가능했고 통증이 심했는데도 예상치 못한 에너지가 뿜어져 나왔습니다. 더 놀라운 것은 합주를 할 때였습니다. 심장박동 같은 드럼 비트, 베이스의 묵직한 울림, 기타의 시원한 사운드가 어우러질 때면 온몸에 찌릿한 전기가 한 바퀴 도는 듯했습니다. 모든 악기들의 합이 맞아떨어지는 그 순간은 어디에서도 맛보지 못한 감정을 느꼈습니다. 합주하는 순간은 제가 심각한 통증의 아토피 환자라는 것을 인식하지 못할 만큼 제 몸은 너무나 멀쩡하고도 온전한 상태였습니다. 음악이 딱딱하게 굳은 저의 손가락 통증을 잊게 한 것은 단지 기분 탓이 아니었습니다.

  실제로 통증이 뇌로 전달되는 경로와 음악이 뇌로 전달되는 경로가 동일합니다. 이와 관련한 대표적 이론을 '관문 통제 이론gate control theory[1]'이라고 하는데 통증 감소를 위한 음악적 개입이라고도 할 수 있습니다. 통증이 전달되는 관문을 음악을 사용하여 일정부분 통제하는 것입니다. 사람이 느끼는 통증은 피부와 같은 신경 종말부에서 일어나지만 정작 아프다고 느끼는 것은 그 통증이 척수를 통해 대뇌에 전달되는 순간입니다. 이때 신경이 뇌로 전달되는 과정에서 음악적 자극을 제공함으로 통증에서 오는 부정적인 신경 정보를 감소시키고, 음악적 자극에 대한 긍정적 신경 전달을 유도하여 통증 지각을 조절하는 것입니다. 이 과정에서 음악은 통증 지각을 분산시키는 주의전환으로서 통증을 인지하는 정도를 감소시키는 역할을 하게 되지요.

---

1) 척수 후각에서 통증의 전달이 조절될 수 있다는 이론으로, 통증 자극이 뇌로 전달되는 과정에서 특정 신경 메커니즘이 관문처럼 작용하여 통증 신호를 증가시키거나 감소시킬 수 있음.

여러 악기가 어우러져 조화를 이루는 특정 사운드, 기가 막힌 타이밍에서 합이 되는 리듬 패턴, 그리고 내 모습 이대로 존재 자체만으로도 감사할 수 있는 가사, 정서를 터치하는 멜로디들이 저에게 통증과 감정을 조절해 주는 진통제와 같은 역할을 한 것입니다. 또한 저는 밴드 합주를 통해 카타르시스를 느낀 것입니다. '카타르시스'는 몸과 마음에 영향을 주는 부정적 정서를 외부로 배출시키거나 정화시키는 것으로서 클라이맥스로 전개되는 밴드 합주의 선율과 리듬은 저의 감정과 에너지 분출을 유도하기에 충분했습니다. 모든 사람은 신체적, 심리적, 생리적 균형과 조화를 추구하려는 성향을 가지고 있습니다. 신체적 항상성은 모든 사람이 신체의 최적 상태를 유지하려는 기제를 가지고 있다는 것인데 이러한 개념은 신체적 불균형을 조절할 때뿐 아니라 감정과 정서 영역에도 적용됩니다. 카타르시스적 경험은 감정의 최적 상태를 복원하고자 하는 인간의 본능적 행동인 것이죠. 현대 의학에서 아토피 피부염은 아직 완치가 없다고 합니다. 따라서 아토피 피부염으로 인한 통증과 우울감 역시 완치란 없겠지요. 하지만 음악을 통해 통증과 우울감을 조절하고 통제할 수 있었던 개인적 경험은 음악이 단순히 기분만 좌지우지하는 것이 아니라는 합리적 의심을 할 수 있었던 최초의 계기가 되었습니다.

앞서 언급한 부모님들과의 만남에서 노래가 시작되면 박자에 맞

소리로 흐르는 육아

춰 모든 분들이 자연스럽게 손뼉 치는 현상은 '리듬 동조화'rhythmic entrainment[2]로 설명할 수 있습니다. 우리 몸의 리듬은 외부의 리듬에 자연스럽게 일치하려는 경향이 있습니다. 음악을 들으면 그 음악의 템포에 맞춰 신체 움직임이 일어나는 것이죠. 이는 소리가 대뇌에 입력되어 특정 신체를 움직이라고 명령하는 전통적 청각 경로가 아닌, 청각 정보가 소뇌로 직접 전달되어 변연계와 운동계에 도달하는 더 빠른 경로를 말합니다. 이것은 인간이 의도적으로 만들어 낼 수 없는 인체의 신비로움이죠. 때로는 경건하게, 때로는 흥겹게, 음악은 우리의 몸과 마음을 자연스럽게 지금, 여기에 적합한 상태로 이끌어갑니다. 리듬은 우리 몸속에서 끊임없이 살아 움직입니다. 그것은 태내에서 경험한 심장소리에서 시작되어 걸음걸이, 숨소리, 말투, 감정의 흐름으로 이어지고 나아가 음악 행동이라는 더 풍부한 표현으로 발전됩니다.

리듬으로 배우면 왜 더 잘 기억될까?

여러분은 초등학교 시절 구구단을 어떻게 외우셨나요? 지금 구구단 2단을 마음속으로 외워볼까요? 어떤 리듬 패턴이 떠오르지 않나요? 글로 설명할 수 없지만 우리 모두가 알고 있는 바로 그 리듬과 멜로디

---

2) 두 개 이상의 리듬이 상호작용하여 동일한 주기나 위상으로 동기화되는 현상. 사람의 생체리듬이 외부의 리듬 자극과 자연스럽게 일치하려는 경향을 보이는 것.

말이죠.

"이╱일은╲이, 이이 사, 이삼 육… 이╱구╲ 십팔."

언제부터 시작됐는지 알 수 없지만 사람들은 구구단을 더 빨리 효과적으로 외우기 위해 특별한 리듬과 멜로디를 붙였습니다. 저만 해도 구구단을 외웠던 시기가 족히 37년이 지났음에도 불구하고 아직도 특정 리듬, 멜로디와 함께 구구단 2단부터 9단까지 모두 기억하고 있으니 놀랍지 않나요?

이런 현상은 뇌의 정보처리와 기억 형성 방식으로 이해할 수 있습니다. 음악을 들을 때 우리 뇌는 좌뇌의 언어 영역과 우뇌의 음악 영역이 동시에 활성화되어 기억하고자 하는 내용을 효과적으로 뇌에 입력하고 저장합니다. 사람들은 음악을 무작정 듣는 것 같지만 특정 원리에 근거해 음악을 이해하게 됩니다. 그 원리 중 하나는, 주어진 음악 정보에서 가능한 일관성과 통일성을 찾으려는 경향인데 규칙적으로 발견되는 특정 요인이나 반복 패턴 등을 찾아내 덩이를 짓고 단위화하여 기억하는 것입니다. 구구단 송은 첫 마디와 마지막 마디를 제외한 모든 구간이 동일한 구조로 되어 있습니다. 예를 들어 2단, '이 일은 이'와 '이구 십팔'을 제외한 나머지는 모두 같은 리듬, 같은 멜로디라는 공통점이 있지요. 이렇게 청각적 정보를 단순화하여 처리하는 능력은 모든 사람에게 내재된 생득적 특성입니다. 아주 어린 영아들이 영어 알파벳을 유창하게 말하는 것을 본 적이 있나요? 이것 역

소리로 흐르는 육아

시 부모들이 〈작은 별〉 노래의 멜로디에 알파벳을 순서대로 대입하여 반복적으로 들려준 결과로 나타난 현상입니다. 어른들도 노래하지 않고 알파벳을 순서대로 나열해 보라고 하면 중간쯤 가서 Q가 먼저인지 R이 먼저인지 헷갈릴 수 있는데, 자연스럽게 흘러나오는 〈작은 별〉 선율을 따라가면 고민하지 않고 알파벳을 순서대로 기억할 수 있습니다. 기억을 관장하는 중요한 뇌 영역인 해마는 음악이 추가되었을 때 해마와 연결된 감정 중추를 활성화하여 강렬한 기억을 형성하도록 돕습니다. 즉, 음악이 포함된 정보는 감정적 요소와 함께 저장되어 오랫동안 기억되고 쉽게 인출될 가능성이 커진다는 것입니다. 구구단을 배울 때 반 친구들과 다 함께 리듬에 맞춰 신나게 외우던 교실의 분위기와 엄마 아빠가 다정한 눈빛으로 알파벳 송을 불러주었던 따뜻한 감정은 입력된 정보를 오랫동안 기억하게 하는 데 한몫을 한 셈이죠.

제가 교실에서 늘 음악을 활용했던 이유도, 당시엔 음악을 과학적으로 설명할 수 없었지만 음악이 들리면 아이들의 몸이 자연스럽게 반응했기 때문입니다. 잔잔한 음악이 흐르면 들썩이던 몸이 차분해지고 경쾌한 리듬이 시작되면 아이들이 저절로 일어나기 시작했습니다. 시시콜콜한 설명이 필요치 않았고 잔소리 같은 반복적 언어 자극도 요구되지 않습니다. 간단한 노래 한 소절, 짧은 한마디 멜로디, 그리고 자유자재로 리듬을 활용하는 랩으로 아이들과 저는 충분히 의사소통할 수 있었습니다. 교실에서 지켜야 하는 약속이나 복도에서 뛰면 어떤 일이 생기는지에 대해서도 흥겨운 노래로 부르면 아이들은 일 년 내내 기억할 수 있었습니다. 생각보다 재밌고 유쾌하며 집중되는 방법으로 말이죠.

음악은 특별한 기술이 아닙니다. 우리 몸 안에 이미 존재하는 자연스러운 흐름을 깨우는 일입니다. 태내에서부터 시작된 이 본능적인 리듬감은 지금 이 순간에도 우리의 몸과 마음을 움직이고 있습니다. 이것이 바로 **음악이 육아와 교육에서 강력한 도구**가 될 수 있는 까닭입니다. 그것은 배워야 하는 기교나 습득해야 할 능력이 아닌 우리 모두의 몸 안에 이미 존재하는 자연스러운 언어입니다. 리듬은 이미 우리 몸 안에 있기에 그것을 잘 활용하면 자연스럽게 아이들의 마음을 열고 감정을 조율하고 관계를 만들어갈 수 있습니다.

아이의 소리에 담긴 마음 읽기

아이들에게 정말 필요한 것은 잔소리가 아니라 귀 기울여 듣는 태도입니다.

로버트 볼트

아이의 소리를 듣는다는 것은 단순히 말소리를 듣는 것만이 아닙니다. 때로는 말보다 더 많은 것을 담고 있는 것이 아이의 소리입니다.

여섯 살 지성이 이야기입니다. 당시 유명한 예능 PD인 어머니의 바쁜 일정 때문에 단체 생활을 전혀 경험해 보지 못한 채 입학한 아이였습니다. 할머니와 가정에서만 지내 또래와의 상호작용이나 사회적 관계 경험도 거의 없다고 했습니다. 주말에 더 바쁜 엄마 아빠로 인해 외부 활동 경험도 없었습니다. 지성이는 첫 단체 생활이 두려웠는지 의사소통도, 규칙 지키기도, 감정조절도, 어려웠습니다. 불안한 마음에 친구들과 저의 얼굴에 침을 뱉기도 했고 앞에 앉은 친구의 머리카락을 씹는 행동도 했습니다. 고래고래 소리를 지르며 우는 날도 여러 날 반복되었습니다. 1학기 내내 지속된 아이의 행동과 울음은 도움을 요청하는 소리가 되어 저에게 전달됐습니다. 영운이는 교실 한편의 어항 속 거북이 등을 돌멩이로 내리치고 "거북이가 귀여워서요."라고 말하던 아이였습니다. 무표정한 얼굴과 창백한 피부, 힘없는 걸음걸이, 교실 모서리에 착 붙어서 온몸을 잔뜩 웅크린 행동. 저는 영운이의 목소리와 움직임을 통해 우울의 소리를 읽을 수 있었습니다. 같은 유치원 옆 반 아이의 부모님은 방송국 아나운서였습니다. 부모 참여 수업이 있던 날이었기에 저희 반이 아니었음에도 불구하고 부자의 모습을 관찰할 수 있었습니다. 활동을 마치고 간단한 다과를 즐기는 시간이었습니다. 모든 부모님과 아이들이 자리에 앉기가 무섭게 간식을 들고 먹기 시작했습니다. 그런데 그 아이와 아버지는 작은 접시 위에 놓인 두 조각의 샌드위치 앞에서 손을 맞잡고 눈을 감은 후 짧게 속삭였습니다. 그리고 눈을 떠 서로를 바라보며 살가운 눈짓을 보냈습니다. 아버지의 시선은 줄곧 아이에게 향했고 아이는 이런 아빠의 마음을 모두 다 알고 있다는 듯 연신 사랑스러운 표정을 지었습니다. 부자의 속삭임은 따뜻한 관계의 소리로 저에게 다가왔습니다. 이 장면이 당시 미혼이었던 저에게 얼마나 인상 깊게 다가왔던지 오랜 시간이 지난 지금도 또렷하게 기억합니다.

저는 담임교사로서 우리 반 모든 아이들에 대한 책임감으로 대학원에서 유아특수교육을 공부하게 됐습니다. 특별한 행동, 마음, 생각을 가진 아이들의 원인과 의도를 알고 싶었고 또 돕고 싶었습니다. 그런데 정작 이런 아이들의 발달을 깊이 이해할 수 있었던 것은 일정한 학위 과정이 아닌 결혼 이후 저의 두 아들을 통해서였습니다. 결혼과 출산 이후 교사 생활은 훨씬 더 풍요로워졌습니다. 인간의 출생부터 독립 보행까지의 발달을 직접 경험하고 관찰했기에 교사로서 유아들의 감정, 행동, 생각을 조금 더 알아챌 수 있는 경험치가 생겼습니다. 무릎을 치는 발견을 하게 된 것은 바로 두 아들의 말과 행동에서 저의 모습을 발견하게 된 때였습니다. 아들들의 영유아기 때는 생김새, 표정, 걸음걸이에서, 아동기와 청소년기를 지날 때는 말투, 식성, 감정 변화, 학습 태도, 이해 수준, 긴장, 불안까지 어떻게 이럴 수가 있을까 싶을 정도로 저와 닮았다는 것을 알게 되었습니다. 자녀가 부모를 닮는다는 건 당연한 일이지만 나의 진짜 모습을 알아차리지 못하고 다람쥐 쳇바퀴 돌 듯 일상을 살다가 자녀를 통해 나의 원색적인 모습을 신랄하게 마주하니 적잖이 당황스러웠습니다.

아이들이 어릴 땐 그저 예쁘고 귀엽다고 치부해 버렸던 행동들이었습니다. 하지만 덩치와 목소리가 커지고 자기주장이 확실해진 아이들의 모습은 영락없는 제 모습이라는 것을 부인할 수 없었습니다. 첫째 아이가 보였던 틱 증상은 저도 인식하지 못했던 제 안의 불안 덩어리를 실체로 볼 수 있는 계기였습니다. 초등 4학년 때부터 3년이나 지속된 아들의 틱 증상은 제가 가진 불안이 아들에게 고스란히 흘러간 결과였다는 것을 나중에서야 깨달았습니다.

이런 깨달음을 교실에 적용하게 됐습니다. 몸과 마음이 어려운 아이들을 바라볼 때 아이만이 아닌 그들의 부모에게 시선을 돌리고 부모와 아이들의 관계에 관심을 갖게 되었습니다. 부모의 어떠한 모습이 아이에게 어떤 영향을 미쳤고 부모의 어떠함이 아이에게 흘러왔는지 고민하게 되었습니다. 저는 교직 경력 동안 다양한 지역, 형태, 계층의 아이들과 부모님들을 만났습니다. 대한민국 0.1% 교육비를 자랑하는 사립유치원에 재원하는 가정부터 내일 당장 무엇을 먹고 살아야 할지를 고민해야 하는 가정까지 수많은 아이들을 만났습니다. 이런 경험을 바탕으로 내린 결론은 부모가 경제적, 사회적으로 높은 위치에 있거나 유명 연예인, 대기업 경영자, 존경받는 직업인이라 해서 그 아이들이 모두 건강하고 안정적이며 행복한 것은 아니라는 것입니다. 오히려 부모의 이미지로는 상상도 못 할 문제 행동과 발달 지연을 보이는 아이들이 훨씬 더 많았으니까요. 교육 현장에서 만난 부모들을 보면 방송에 자주 출연할 정도로 학식과 덕망이 뛰어나시고 여유로운 경제력과 훌륭한 스펙을 가진 부모들이었지만 이것이 반드시 편안하고 따뜻한 육아와 연결되는 건 아니었습니다. 오랜 시간 아이들, 부모들과 관계를 맺다 보면 아이의 모습을 통해 부모를 보게 되고 거꾸로

소리로 흐르는 육아

부모의 모습을 통해 아이를 예상하게 되기도 합니다. 1학기 첫 상담을 위해 교실을 향해 걸어오는 부모님들의 표정과 실루엣, 걸음걸이만 보고도 누구의 부모님일지 예상이 되고 그 예상은 생각보다 맞아떨어질 때가 많았습니다. 아이는 부모를 통해 흘러 받은 것을 말하고 행동하게 되어있거든요. 아이가 표현하는 소리는 결국 부모가 가진 소리와 대체로 일치합니다.

가정은 부모들이 사회생활에서 겹겹이 눌러썼던 모든 가면을 벗고 본연의 모습으로 돌아가 진짜 내 모습이 나타나는 리얼 공동체입니다. 가정은 부모의 모습 전체가 온전히 아이들에게 흘러가는 공간입니다. 부모는 대체로 어린 시절 내가 받았던 돌봄과 양육방식 그대로 자녀를 돌보게 됩니다. 이는 계획적이고 의도적인 행동이 아닌 지극히 비의도적이고 무의식적인 자연의 법칙과도 같은 현상입니다. 사람은 자신에게 가장 익숙하고 자연스러운 반응을 반복하게 되어있으니까요. 이런 깨달음을 얻고 나서야 진정으로 아이들의 소리를 읽을 수 있게 되었습니다. 단순히 말과 행동을 보는 것이 아니라 그 이면에 흐르는 부모로부터의 영향도 함께 볼 수 있게 된 것입니다.

육아란 부모의 모든 것이 자녀에게 흘러가는 것입니다. 특히 어린 아이들을 양육할 때는 더더욱 그렇습니다. 마치 폭포수가 위에서 아

래로 흐르듯 부모의 감정, 습관, 말투, 표정, 그리고 그 안에 담긴 많
은 소리들까지 모두 거침없이 아이에게 흘러갑니다. 부모란 아이들
에게 생존과도 같은 모든 것의 근원적인 존재입니다. 어리면 어릴수
록 말이지요. 그래서 **아이의 소리를 읽는다는 것은 결국 부모의 소리
를 읽는 것**과 같습니다. 내 안의 불안, 걱정, 조급함이 어떻게 아이에
게 흘러가고 있는지 또 그것이 아이의 목소리와 몸짓에 어떻게 담겨
있는지 읽어내는 것입니다. 이제 아이의 소리에 귀 기울여 보십시오.
그 소리 안에는 부모인 당신의 모습이 고스란히 담겨있습니다. 그리
고 그것을 발견하는 순간 여러분은 내 아이를 이해하는 새로운 문을
열게 될 것입니다.

소리로 흐르는 육아

뇌를 디자인하는 음악

음악은 우울에서 우리를 건져내거나 눈물을 흘리게 할 수 있습니다.
그것은 치료제이자 토닉이며, 귀를 위한 오렌지 주스입니다.

올리버 색스

　인간의 뇌는 음악을 들을 때 축제를 벌입니다. 영상 기술의 발달로 우리는 이제 음악이 뇌의 각 영역을 어떻게 활성화시키는지 실시간으로 관찰할 수 있게 되었습니다. 음악이 들리는 순간 우리 뇌는 마치 화려한 불꽃놀이를 보는 것처럼 여러 영역이 동시에 반짝이기 시작합니다. 전두엽은 멜로디를 분석하고 측두엽은 리듬을 처리하며 두정엽은 화성을 인식합니다. 대뇌변연계는 음악에 담긴 감정을 해석하고 소뇌는 박자에 맞춰 몸의 움직임을 조절합니다. 그러나 더 놀라운 것은 이 모든 영역이 서로 긴밀하게 연결되어 하나의 통합된 경험을 만들어낸다는 점입니다.

최근 신경과학 연구에 따르면 음악은 뇌의 '신경가소성neuroplasticity'[3] 을 촉진하는 가장 강력한 자극 중 하나로 소개되고 있습니다. 음악이 뇌를 재구성하고 새로운 신경 회로를 만드는 데 도움을 준다는 것이 죠. 이것이 바로 음악치료가 치매, 뇌졸중, 자폐스펙트럼, ADHD 등 다양한 신경학적 질환에서 효과를 보이는 이유입니다. 예를 들어 '리 듬 청각 자극Rhythmic Auditory Stimulation, RAS'[4] 기법은 파킨슨병 환자 의 보행을 개선하는 데 놀라운 효과를 나타냅니다. 일정한 리듬의 메 트로놈 소리나 반주 악기에 맞춰 걷는 훈련을 하면 환자의 걸음걸이 가 안정되고 보폭이 넓어지는 현상을 볼 수 있습니다. 운동기능을 통 제하는 중추신경계에 청각적 리듬 자극을 주어 운동통제 기능과 반응 도를 촉진시키는 것입니다. 우리가 경쾌한 음악을 들으면 발을 까딱 이며 박자를 맞추거나 어깨를 들썩이는 행동을 무의식적으로 하게 되 는데 이는 외부 자극인 소리를 귀로 듣고 대뇌가 신체 움직임을 명령 하는 경로가 아닌 이보다 더 신속한 뇌간과 척수 경로를 통해 자율신 경계로 전달된 운동반응을 유도하기 때문입니다.

일상에서 느낄 수 있는 음악의 강력한 효과 중 한 가지는 감정조절 입니다. 음악을 들을 때 우리 뇌에서는 일련의 화학적 반응이 일어납

---

3) 뇌가 외부환경의 양상이나 질에 따라 스스로의 구조와 기능을 변화시키는 특성.
4) 소리를 이용한 일정한 청각자극을 통해 리듬 감각을 자극하여 운동 체계에 영향을 주고 안정된 시간 내에 운동영역과 지각영역을 동기화시켜 뇌의 각 영역의 활성화를 유도하는 것. 송창호 외(2011), 「리듬 청각 자극이 만성 뇌졸중 환자의 보행대칭성에 미치는 효과, 한국산학기술학회논문지」, 12(5), 2187-2196.

소리로 흐르는 육아

니다. 좋아하는 음악을 들으면 도파민이 분비되어 기분이 좋아지고 잔잔한 클래식을 들으면 세로토닌이 증가하여 마음이 차분해지죠. 격렬한 음악을 들으면 노르아드레날린이 분비되어 에너지가 상승하기도 합니다. 주목할 만한 것은 음악이 스트레스 호르몬인 코티솔 수치를 현저히 낮춘다는 점입니다. 수술 전 환자들에게 음악을 들려주면 불안이 감소하고, 신생아 중환자실에서 음악을 틀어주면 아기들의 심박수가 안정되며 암 환자들이 음악치료를 받으면 통증 인식이 줄어든다는 연구 결과들이 이를 뒷받침합니다. 음악의 템포와 생리적 반응 사이의 관계도 흥미롭습니다. 60~80bpm의 음악은 우리의 휴식기 심장박동수와 비슷해서 안정감을 주는데 이는 태아가 자궁 속에서 들었던 어머니의 심장소리와 비슷한 속도이기 때문입니다. 반면 120bpm 이상의 빠른 음악은 심박수를 높이고 에너지를 활성화시켜줍니다. 이러한 과학적 발견들은 우리가 **육아 상황에서 음악을 더욱 전략적으로 활용할 수 있다는 것**을 깨닫게 해줍니다. 예를 들어, 아침에 일어날 때는 자연스러운 각성을 위해 안정된 템포의 음악에서 점진적으로 빨라지는 음악을 듣는 것이 좋습니다. 에너지 높은 활동을 할 때는 120~140bpm의 음악이 효과적이며 잠들기 전에는 60bpm 이하의 느린 음악이 수면을 유도하는 데 도움이 됩니다. 일상에서 통증이나 불안을 느낄 때 음악에 집중하면 부정적 자극에 대한 인식을 줄일 수 있습니다. 음악이 뇌의 주의 자원을 재할당하기 때문인데 대부분의 치과에서 잔잔한 피아노 연주곡이 흐르도록 설정하는 이유가 바로 이것입니다. 요즘은 치과 엑스레이 기계에서도 클래식 음악이 나오더군요. 몇 초 안 되는 그 짧은 순간에도 환자의 심리적 안정을 위해 음악을 활용하고 있다니 반가운 마음입니다.

그런데 육아에 있어 음악을 이토록 힘주어 소개하는 궁극적 이유는 다양한 음악 요소들이 사람과 사람 상호 간에 영향을 미친다는 사실 때문입니다. 합창단원들의 심장박동이 노래를 부르는 동안 동기화되거나 오케스트라 단원들의 뇌파가 연주 중에 일치하는 현상이 관찰되는 것 등은 음악이 단순한 청각 자극을 넘어 사회적 유대감을 형성하는 강력한 도구가 될 수 있음을 시사합니다. 식당에서 우연히 만난 옆 테이블 사람들이 흥겹게 생일 축하 노래를 부르면 나도 모르게 손뼉 치며 함께 축하해주는 마음이 생기고 슬픔을 당한 사람들을 위해 함께 노래할 때 내 마음에도 슬픔의 정서가 느껴지듯이 말입니다. 여러분은 자녀와 어떤 멜로디를 공유하고 있나요? 여러분의 가정에서는 어떤 노래가 흐르고 있나요?

음악은 우리 뇌의 디자이너입니다. 신경 회로를 재구성하고 호르몬 분비를 조절하며 감정을 변화시키기도 합니다. 우리가 할 수 있는 일은 이러한 음악의 힘을 더 의식적이고 전략적으로 활용하는 것입니다. 이는 특별한 기술이나 비용이 필요치 않습니다. 지금 이 순간에도

소리로 흐르는 육아

당신의 스마트폰에는 강력한 뇌 디자이너가 대기하고 있으니까요. 이제 음악을 단순한 즐거움이나 취미의 차원을 넘어 육아 현장에서 부모 자녀의 정신 건강과 감정조절을 위한 필수적인 도구로 활용해 보면 어떨까요. 매일 적절한 음악을 선택하여 듣는 것은 아이들을 위해 양질의 영양을 섭취하도록 애쓰는 것 이상으로 중요한 건강 관리, 마음 관리, 정신 관리입니다.

♪

<팔목된 만남>과 순대타운

음악은 감정을 불러일으키고, 그 감정은 기억을 동반하기도 합니다.

올리버 색스

"우울한 날 추천해 줄 좋은 곡이 있을까요?", "그럴 때는 소곡이나 돼지곡이 좋습니다." 온라인에서 본 유머입니다. 많은 음악치료사들이 자주 받는 질문 중 하나이기도 하지요. 결론부터 말씀드리자면 그런 곡은 없습니다. "태교할 때 어떤 음악을 들어야 좋을까요?"라고 물어보는 것과 동일합니다. 태교에 가장 좋은 음악은 엄마가 좋아하는 음악입니다. 그것이 트로트든 가요든 클래식이든 CCM이든 엄마가 들어서 기분 좋고 편안한 음악이면 오케이입니다. 모차르트 이펙트[5]

---

5) 모차르트 음악을 매일 들으면 지능이 높아진다는 이론으로 1993년 미국 위스콘신대학교 프랜시스 로셔 교수의 연구팀이 〈네이처〉에 논문을 발표하면서 시작됨. 그러나 후속 연구들에서는 그 효과의 일반화 가능성은 입증되지 않았음. 최민아, 『클래식으로 전쟁을 멈춘다면』

소리로 흐르는 육아

가 사실이 아니라는 것은 아시죠? 아주 오래전부터 모차르트 음악을 들으면 뱃속 아기의 IQ가 좋아진다는 말이 이론으로 굳혀질 만큼 엄청난 공감대를 이뤘지만 결국 이것은 레코드 회사의 비즈니스 전략에 불과했다는 허무한 사실이 드러났습니다.

"엄마가 되고 나서 가장 힘든 건 내 감정을 통제할 수 없다는 거예요."

많은 부모들이 육아 상담에서 토로하는 이야기입니다. 우리는 모두 각자의 방식으로 감정의 파도와 씨름합니다. 음악은 다양한 경로를 통해 사람의 감정에 영향을 미칩니다. 음악의 클라이맥스가 기대되는 부분에서는 도파민이 분비되고 부드러운 멜로디나 익숙한 음악을 청취할 때 세로토닌이 활성화되며 타인과 함께하는 음악활동을 경험할 때는 옥시토신이 분비되기도 합니다. 또한 음악을 들을 때 우리 몸의 자율신경계는 심박을 조절하고 호흡패턴을 동기화하며 근육 긴장도를 조율하기도 합니다. 최근의 연구들은 음악 경험을 할 때 활성화되는 뇌 영역이 감정조절의 핵심 영역과 상당 부분 중첩된다는 사실들을 밝혀내고 있습니다.

여러분에겐 유독 기분이 업되거나 마음이 요동치면서 강렬한 감정을 끓어오르게 하는 음악이 있나요? 저에게 이런 경험의 첫 시작은 바로 김건모의 〈잘못된 만남〉이었습니다.

때는 1995년 고2 초가을. 장소 신림동 순대타운. 등장인물은 교복 입은 남녀 고등학생 4~5명. 당시 제가 살았던 곳은 신림동도 아니었는데 2학기 중간고사를 끝내고 교회 친구들을 만나기 위해 교복을 입은 채 신림동까지 진출했습니다. 성적과 관계없이 시험이 끝났다는 홀가분한 마음과 친한 친구들을 주중에도 만날 수 있다는 흥분됨, 그리고 친구들이 그토록 노래를 부르던 순대타운 첫 입성이라는 설렘이 한데 섞여 이루 말할 수 없는 자유로운 감정을 느꼈습니다. 그때 순대타운에 도착하자마자 건물 전체를 휘감는 사운드가 있었으니 바로 〈잘못된 만남〉의 강렬한 전주 구간이었습니다. 이 곡이 김건모 가수의 3집 앨범이라는 것, 이 앨범이 기네스북에 등재되었다는 것, 전주가 42초나 지속된다는 것 등은 전혀 중요하지 않았습니다. 쉴 새 없이 빠르게 진행되는 랩이나 예상보다 높은 멜로디도 저에겐 무의미했습니다. 그저 노래가 시작되자마자 터지는 강렬한 미디 사운드의 전주, 이것 하나면 충분했습니다. 이 전주만 들으면 어느 곳에 있든지 고등학교 2학년으로 돌아가 교복 입고 순대타운에 입성하던 짜릿한 그 순간, 그때의 감정이 떠오릅니다. 홀가분, 설렘, 흥분됨, 기대감, 자유가 믹스된 그 어떤 표현으로도 만족되지 않는 그런 감정이 순간적으로 북받쳐 오르며 내 몸과 마음이 고등학생 시절로 훅 돌아가게 됩니다. 당시 저는 잘못된 만남을 하지도 않았는데 왜 이토록 저에게 강렬히 남아 그 음악만 들으면 그때의 감정과 기분을 느끼게 될까요?

소리로 흐르는 육아

음악은 뇌의 편도체와 같은 감정 중추를 활성화시켜 긍정적 또는 부정적 반응을 유도합니다. 개인차가 있겠지만 일반적으로 사람들은 자극하는 음악을 들었을 때 교감신경이 반응하여 근육 운동 시스템이 활성화되고 반대로 침체되는 음악을 들었을 때는 부교감신경을 자극하여 편안하고 안정된 몸 상태로 유도됩니다. 음악은 체온, 심박, 감정을 관장하는 시상하부를 자극해 자율신경계에 영향을 주게 되는데 외부에서 들리는 리듬에 나의 신체 리듬을 맞추는 현상을 유도하기도 합니다. 빠른 템포의 음악을 들으면 나도 모르게 발을 까닥이며 그 리듬에 신체 움직임을 맞추게 되고 아주 느린 음악을 들었을 때는 저절로 호흡이 느려지며 늘어진 리듬에 온몸도 나른해지는 행동들이 바로 이러한 연유입니다.

〈잘못된 만남〉의 전주 구간은 비교적 빠른 템포로 시작하여 음악이 진행될수록 다양한 사운드가 추가되고 리듬이 분할되는데 이는 평소 안정적 상태의 심장박동인 60~80bpm을 138bpm까지 끌어올리며 저의 신체 움직임을 유도하기에 충분했습니다. 138bpm의 템포는 평소보다 빠른 심박으로 저의 체온을 높였고 혈기왕성한 청소년의 신체는 속도 제한을 잊은 듯 흥분되었죠. 게다가 음악이 진행될수록 추가되는 기계음들은 발끝의 움직임에서부터 팔, 다리, 머리까지 합세하게 했고 마치 현실을 벗어나 우리들만 아는 새로운 세계로 들어가는 듯한 묘한 기분을 느끼게 했습니다. 음악은 신체적 변화와 함께 내 곁에 있는 친구들, 맛있는 음식, 그리고 시험이 끝난 심리적 여유까지 더해져 자유와 해방감을 느끼게 했습니다. 음악을 듣고 그 음악의 여러 가지 요소에 동화된 저의 신체 컨디션을 뇌가 감지했고 이에 적절한 특정 감정을 인식하게 한 것입니다. 지금도 거리를 지나가다가 우연히 〈잘못된 만남〉을 들으면 순식간에 몸이 그때의 신체감각을 기억하여 심박 상승, 체온 상승, 발끝 움직임, 대근육 움직임이라는 몸의 변화가 재연되고 곧 그때의 감정이었던 자유, 홀가분, 흥분, 해방감을 자동적으로 느끼게 됩니다. 그래서 저에게 〈잘못된 만남〉은 에너지 음료와도 같은 충전감을 주는 음악입니다. 무기력하고 지루하고 답답할 때 저의 텐션을 올리고 마음에 시동을 걸어 어떤 일이든 해내겠다는 동기를 부여해 주지요. 카페인 없이, 인공첨가물 없이, 과당 없이, 그리고 불면증, 소화불량, 체중증가, 치아 부식이라는 부작용도 없이 말입니다.

　사람은 생각으로 생각을 조절할 수 없습니다. 생각으로 마음과 감정을 조절할 수도 없습니다. 눈에 보이지 않는 마음과 감정조절은 몸으로 시작할 때 가장 효과적입니다. **몸을 통한 구체적 경험, 몸의 변화를 이끄는 가장 행복하고 즐거운 기폭제, 바로 음악입니다.**

윙~ 모기를 잡자

잠시 비켜서서 아이들에게 배움의 공간을 열어두고,
아이들이 하는 일을 주의 깊게 관찰하세요.
그러면 이를 제대로 이해했을 때, 가르치는 방식이 이전과 달라지게 됩니다.

로리스 말라구찌

유치원부터 고등학교까지 교실엔 참 다양한 학생들이 있습니다. 유치원이라고 해서 모든 어린이들을 어리게 볼 일도 아니고 고등학교 교실이라고 모든 학생들을 어른스럽게 볼 일도 아닙니다. 교실이라는 공간은 언제나 다양하고 독특한 캐릭터들로 넘쳐나니까요. 그런데 주목할 점은 모든 교실에서 동일한 무게감을 지니고 있는 주제가 있다는 것입니다. 바로 '주의집중'입니다. 유치원부터 고등학교까지 아니 대학 이상에서도 학생들의 집중에 대한 이슈는 여전히 큰 관심거리입니다. 제 경험상 유치원 가장 어린 5세 유아들도 매우 즐겁고 호기심 넘치는 일엔 15분 동안 집중할 수 있습니다. 유치원 교실에서 나타나는 주의집중의 어려움을 대략 두 가지로 분류해 본다면 발달단계에 따라 아직 때가 안됐기 때문에 발생하는 어려움과 발달에 큰 문제가 없음에도 심리 · 정서적 이유로 어려움을 보이는 두 그룹으로 나눠볼 수 있습니다.

특수학급 담임을 맡았을 때였습니다. 6세 남자아이 성호는 발달에 큰 문제가 없었고 인지기능도 또래와 비슷했지만 유독 주의가 산만하고 눈 맞춤이 어려웠으며 시선을 한 곳에 집중하지 못하는 특성으로 특수학급에 오게 된 아이였습니다. 부산스러운 행동과 제스처, 조절되지 않는 목소리로 인해 또래들과 어울리지 못했고 늘 혼자만의 놀이를 반복하곤 했습니다. 여름이었습니다. 열대성 기후로 점점 바뀌는 우리나라의 여름 날씨는 애나 어른이나 견디기 힘든 시즌입니다. 게다가 밤새 모기에게 물린 아이들은 다음 날 온몸에 모기 패치를 수십 개씩 붙이고 나타나기 일쑤였습니다. 성호 역시 팔꿈치, 종아리 등에 모기 패치를 여러 개 붙이고 자주 등장했고 어떤 날은 밤새 긁어 피가 나는 날도 있었습니다. 성호는 아침부터 모기 패치를 저에게 들이밀며 언제 물렸고 어떻게 물렸고 그래서 모기를 어떻게 잡았는지를 열심히 설명해 주며 "모기 싫어!"라고 말했습니다. 성호의 이야기를 듣고 '아!'하고 문득 아이디어가 떠올랐습니다. 성호를 위한 음악중재 활동에 대한 아이디어였습니다. 저는 커다란 게더링 드럼을 꺼냈고 푹신한 천으로 감싸진 말렛(북채)도 준비했습니다. 그리고 말렛 끝에 모기 그림을 출력해 붙이고 성호에게 쥐여준 말렛 끝엔 전자 모기채 그림을 붙여주었습니다. 성호와 함께 드럼을 사이에 두고 마주 앉았습니다. 제가 먼저 노래했습니다.

"모기를 잡자, 모기를 잡자, 성호를 깨무는 모기를 잡자." 그리고 모기 그림이 붙여진 말렛을 북면 위에 올려놓고 "윙～"하며 모깃소리를 냈습니다. 어리둥절하던 성호는 저를 한번 쳐다보더니 "모야～ 모기가 왜 있어."라고 크게 말하며 피식 웃었습니다. 저는 모깃소리 노래를 멈추지 않았습니다. 저는 노래와 함께 성호의 손에 들린 모기 채 말렛을 여러 차례 가리켰습니다. 성호는 결국 말렛을 들어 시끄럽다는 듯 모기 그림을 향해 냅다 타격했고 성호가 북을 내리치는 순간에 맞춰 저는 "딱"이라는 소리를 냈습니다. 모기가 죽었음을 알려주는 신호였죠. 그리고 나면 새로운 모기가 또 탄생해서 커다란 북 위를 날아다녔습니다. 저는 성호가 모기의 움직임에 맞춰 시선을 따라가다가 모기가 잠시 멈췄을 때 모기 채로 잡는 행동을 계속 반복하도록 유도했습니다. 움직이는 모기 잡기 음악활동은 성호의 행동을 관찰하면서 짧게는 한 마디에서 길게는 네 마디까지도 지속할 수 있었습니다. 활동이 반복될수록 모기의 행동반경은 북을 넘어 교실 이곳저곳으로 넓어졌고 성호는 모기 잡기를 위해 말렛에 시선을 고정한 채 계속해서 따라다녔습니다. 모기 잡기 음악활동의 끝은 모기 그림을 드럼 위에 올려두고 양손에 말렛을 쥔 채 사정없이 드럼을 두드리는 트레몰로 연주로 마무리됐습니다.

이러한 음악활동은 모기의 움직임이라는 시각적 자극과 끊임없이 이어지는 '윙', '탁' 소리의 청각적 자극, 그리고 신체 긴장과 이완을 유도하는 자유 연주 경험까지 통합적으로 느낄 수 있는 활동으로 발전했습니다.

"여기 봐, 성호야, 악기를 봐, 선생님 봐. 집중해."라는 반복적인 언어 지시 없이, **흘러가는 비트 안에 간단한 리듬을 얹고 모깃소리 멜로디를 노래하였더니** 어느새 성호는 모기를 따라 자신의 행동을 조절하며 시선을 고정할 수 있었습니다. 자신이 밤새 시달린 모기를 한 방에 제압해 버릴 수 있다는 만족감이 충전되는 이 활동은 그해 여름 내내 이어졌고 교실은 성호의 승리를 알리는 환호성으로 가득 찼습니다.

♪

아이스크림은 골라야 제맛

음악은 이름 붙일 수 없는 것을 부르고, 알 수 없는 것을 전달할 수 있습니다.

레너드 번스타인

음악과 언어는 다양한 공통점을 가지고 있습니다. 대표적으로 음악과 언어 모두 의사소통 도구라는 점입니다. 언어가 구체적인 정보와 의미를 전달하는 도구라면 음악은 정서와 감정을 직접적이고 보편적으로 전달해 줍니다. 음악과 언어의 또 다른 공통점은 사회적 관계를 형성하고 유지하는 데 기여한다는 것입니다. 언어는 대화를 통해 정보를 교환하여 상대의 생각을 이해함으로 협력할 수 있다면 음악은 감정적 유대를 강화하여 공동체 의식을 고취시킴으로 끈끈한 관계로 발전하게 합니다. 음악과 언어를 사용할 때 사람의 뇌는 비슷한 부분이 활성화되는데 음의 높낮이나 리듬을 인식하고 처리하는 과정에서 뇌의 언어를 관장하는 영역이 동일하게 작용하는 것을 볼 수 있습니다. 음악과 언어는 모두 시간적 리듬을 가지고 패턴과 구조를 이루고 있다는 점도 같습니다. 언어에 단어, 억양, 운율이 있다면 음악에는 가사, 멜로디, 리듬이 있습니다. 이러한 유사성으로 노래 부르기는 언어 표현법, 말의 높낮이나 강세, 리듬, 발음, 호흡 등을 자연스럽게 경험할 수 있는 효과적 언어 훈련 방법입니다.

일반학급, 특수학급 근무 경험을 통해 알게 된 것 중 한 가지는 영유아들의 전반적 발달을 고려할 때 부모들이 가장 먼저 진단하고 염려하는 부분이 언어발달이라는 것입니다. 사람이라면 타인과 소통하고자 하는 욕구가 있고 언어는 가장 자연스럽고도 본능적인 의사소통 채널이기에 적정 나이가 되면 내 아이가 말을 할 수 있는지 없는지는 중요한 관심 대상이 됩니다. 다양한 장애를 가진 유아들에게도 언어적 의사소통이 가능한지의 여부는 해당 유아를 이해하고 지도함에 있어서 매우 중요한 요소입니다. 의사소통 능력은 학습 가능 여부를 결정지을 만큼 의미 있는 단서가 되기 때문입니다. 장애 유아들은 개별 차가 크고 동일 장애임에도 발달적 특징이 매우 다양하지만 제가 만났던 아이들은 대체로 언어 지연이라는 공통점을 가지고 있었습니다. 단지 발음, 억양, 말하는 횟수, 크기, 화용언어[6] 수준에 차이가 있을

---

6) 언어의 실제적인 사용과 관련된 것으로, 상황과 맥락에 맞게 언어를 적절하게 사용하는 능력. 대화 상대방과의 관계, 시간과 장소 등 상황적 맥락을 고려하여 의사소통하는 능력을 의미함.

소리로 흐르는 육아

뿐이었죠.

    세 명의 유아들과 그룹 수업을 하는 상황이었습니다. 유아들의 발달적 어려움은 달랐지만 모두 언어적 어려움을 가지고 있었습니다. 이들 모두의 흥미와 재미를 만족시키며 각자의 언어적 어려움을 중재할 수 있는 노래 부르기 활동이 필요했습니다. 설정한 음악 전략은 이렇습니다. 모든 아이들이 좋아하는 주제, 주고받는 대화가 어려운 유아를 위해 질문하고 답하는 형식의 가사와 음악 구조, 의문문임을 느낄 수 있는 상행 멜로디, 모노톤으로 말하는 유아를 위한 랩 구간(멜로디 변화가 없는), 그리고 모든 유아들이 솔로를 경험하고 다 같이 부르는 구간도 즐길 수 있는 ABA 형식입니다. 노래를 익히는 데 어렵지 않도록 단순한 리듬패턴과 멜로디로 구조화했습니다. 이렇게 완성된 노래가 〈아이스크림 가게〉입니다. 저는 아이스크림 가게 주인이 되고 아이들은 손님이 되어 먹고 싶은 아이스크림을 주문하는 음악 역할놀이입니다. 서른한 가지 맛을 고를 수 있는 아이스크림 가게의 이미지를 준비하고 아이스크림 사진을 떼고 붙일 수 있도록 제작한 후 아이들 각자의 선호 아이스크림 실사도 준비했습니다. 노래의 첫 시작은 "여. 기. 는 아이스크림 가게"로 시작합니다. 구순구개열 유아를 위해 '여기는' 가사에 각각 늘임표를 넣어 천. 천. 히 시작하도록 했습니다.

<아이스크림 가게>

다 같이 : 여. 기. 는. 아이스크림 가게 맛있는 가게.

교사 : 어떤 맛을 드~릴까요?

유아1 : 저는 ○○맛 아이스크림 주세요(랩 구간).

교사 : (초코맛 아이스크림 사진을 건네며)초코맛 아이스크림 여기 있어요. 또 오세요.

교사, 유아1 : 안 녕~

    활동 초반에 자폐스펙트럼 유아는 이 노래를 다섯 번 부를 때까지 한 번도 입을 떼지 않았고 마지막 '안녕'만 겨우 말할 수 있었습니다. 저는 장애 유아들을 위한 치료실과 특수학급을 비교했을 때 특수학급만의 큰 강점은 **'매일매일'**의 힘이라고 생각합니다. 성인들에게도 마찬가지이겠지만 유아들에게 매일매일의 효과는 실로 엄청납니다. 그래서 교실이라는 공간에서 교육이 가능하고 변화가 존재할 수 있다고 믿습니다. 저는 이 노래를 틈날 때마다 불렀습니다. 교실을 이동할 때, 바깥 놀이를 할 때, 다 같이 모일 때도 불렀습니다. 아이스크림 교구를 잘 보이는 교구장에 배치해 자유 놀이 시간에 유아들이 관심을 가지고 자유롭게 조작해 볼 수 있도록 했습니다. 3주가 지났을까요? 자폐스펙트럼 유아가 드디어 입을 열었습니다. 아주 작은 목소리로 비록 땅을 보며 노래했지만 정확하게 "저는 초코맛 아이스크림 주세요."를 음악 구조 안에서 멋진 랩으로 해냈습니다. 처음 이 랩을 성공하던 날, 그 아이의 미소를 잊을 수가 없습니다. 놀랍게도 아이의 목소리는 노래를 부를 때마다 커졌고 시선은 땅에서부터 교사의 눈높이까지 오를 수 있었습니다. 리듬, 멜로디 패턴, 구조, 가사, 형식과 같은 음악적 요소의 기능과 친구들과 함께 부르는 즐거움, 친구들과 선생님이 보여주고 들려주는 언어 모델링, 내가 좋아하는 초코맛 아이스크림을 표현해 내는 성취감이 어우러져 교사의 질문에 온전한 문장을 자발적으로 말할 수 있는 아름다운 결과를 이뤄냈습니다. 구조화된 이 음악적 틀은 여러 가지 가사를 덧입혀 다양한 상황에서 응용할 수 있습니다. 이와 같은 교실 활동에서 교사와 친구들의 격려와 공감은 말하고 싶은 욕구를 강화시키고 말하는 횟수를 증가시키며, 목소리 볼륨이 커지도록 도와주는 가장 확실한 기폭제 역할을 했습니다.

이는 음악치료사만 할 수 있는 마술이 아닙니다. 특수학급에서만 일어나는 기적도 아닙니다. **음악이 가진 힘과 감동은 우리 모두에게 동일하게 주어진 선물입니다.** 음악이 필요한 순간, 아이의 어려움과 필요한 기능을 위해 적재적소에 활용하겠다는 애정만 있다면 모두가 누릴 수 있는 기쁨입니다. 우리가 이 땅에 존재하는 순간 들었던 첫 소리가 이 세상에서 나를 가장 사랑하는 그분에게서 시작된 소리이기 때문입니다.

소리로 내 마음 알아보기

이루어줘

어린 연령의 유아들이 유치원 하원 후 여러 학원을 돌며 사교육 하는 것을 심심치 않게 봤습니다. 부모의 맞벌이로 귀가 시간을 조정해야 하는 아이들도 있었지만 양육자가 집에 있음에도 불구하고 갖가지 학원 뺑뺑이를 돌다 저녁이 다 되어서야 집에 들어가는 아이들도 여럿 있었습니다. 학부모 상담 때 조심스레 이야기를 건넸습니다.

"어머니, 우리 성연이가 아직 여섯 살인데 귀가 시간이 너무 늦은 것 같습니다. 유치원에 와서 많이 피곤해해요."

"선생님, 다른 애들도 이 정도는 다 해요. 좋은 학원 스케줄을 조절하다 보니 귀가 시간이 빨라도 여섯 시더라고요. 피곤해한다고 유치원을 안 보낼 순 없잖아요."

성연이 어머니는 잠시 뜸을 들이다가 자신의 이야기를 솔직하게 털어놓으셨습니다.

"선생님 제가 사실은 미술을 했는데 삼수 끝에 원하는 대학을 못 갔어요. 재능도 있었고 창의력도 있었고 상도 많이 타서 주변에서 유망주 소리도 자주 들었어요. 그런데 수능 점수가 예상한 것보다 안 나와서 괜찮은 대학을 못 갔어요. 너무 속상했죠. 그런데 우리 성연이가 미술에 소질이 있는 것 같더라고요. 색감을 쓰는 감각이 남달라요. 성연이는 끝까지 미술로 꽃피우게 해주고 싶어요. 우리 성연이는 저처럼 포기하게 하고 싶지 않아요. 끝까지 밀어줘야죠. 예술적 감각을 키우려면 지금부터 시작해야 돼요. 제가 미술 쪽으로는 로드맵이 쫘악~ 다 있어요. 성연이 이름으로 된 멋진 작업실 하나 차리고 작품 하면서 전시도 하면 얼마나 좋아요. 선생님 보시기에도 우리 성연이가 미술에 소질 있어 보이죠?"

어머니와의 상담을 마치며 이런저런 생각을 했습니다. 성연이는 행복한 유아기를 보내고 있을까? 성연이는 어떤 생각을 하며 학원 가방을 둘러메고 다녔을까? 유치원 졸업 이후 주변 어머니들을 통해 초등학생 성연이의 소식을 들었습니다. 여전히 밤늦게까지 학원 수업을 소화하느라 힘들어하고 있다고요. 성연이 어머니에게 아이를 키운다는 것은 어떤 의미일까요? 부모의 못다 이룬 꿈과 희망을 대신 짊어지는 것이 우리 아이들의 몫일까요? 어릴 적 예체능 계열에 재능과 꿈이 있었지만 이루지 못해 자녀에게 그 꿈을 얹어주고 싶어 하는 부모들이 생각보다 많습니다.

"엄마는 하고 싶어도 못 했어. 너는 엄마가 하라는 대로만 하면 돼. 엄마가 다 해 봤잖아. 엄마 친구들 중에 잘 나가는 교수들 많아. 걱정하지 마. 넌 엄마 닮아서 재능 있다니까. 엄마는 비록 그 대학 못 갔지만 넌 갈 수 있어. 엄마는 못 했지만 너는 꼭 해봐야지. 엄마 소원이야."

'아이야, 내가 못한 것을 이루어줘.'

이 마음은 혹시 당신 마음 깊은 곳에 숨겨둔 이루지 못한 나의 욕심에 대한 소리는 아닌가요?

내 안의 소리를 들어요

– 혹시, 어린 시절 간절히 바랐지만 이루지 못한 꿈이 있나요?

– 만약, 그때의 나를 다시 만난다면 어떤 말을 해주고 싶나요?

_____

_____

_____

_____

_____

2장

육아의 시작은
나를 돌아보는
일입니다

♪

오늘 저녁 메뉴가 두려운 이유

바깥을 바라보는 이는 꿈꾸고, 안을 들여다보는 이는 깨어납니다.

카를 융

　온라인에서 떠도는 우스갯소리입니다. 예전엔 딸, 아들 낳으면 200점, 아들, 딸 낳으면 100점, 그리고 아들 둘 낳으면 마이너스 200점이라고 했습니다. 그런데 요즘은 딸, 아들 200점, 여기에 셋째가 딸이면 300점이랍니다. 딸 둘, 아들 하나면 금메달, 딸만 둘이면 은메달, 딸, 아들이면 동메달, 아들 둘이면 목메달이라네요. 아들 셋인 엄마는 지옥을 면제해 준다는 말도 있습니다. 지옥에 가도 거기가 지옥인지 모른대요. 그만큼 우리 사회에서 아들 키우기가 쉽지 않다는 것이겠죠. 저도 한때는 딸과 함께 플랫슈즈를 맞춰 신는 꿈을 꾸었지만 뱃속의 둘째가 아들임을 아는 순간부터 평생 트레이닝복 입고 라면 먹어도 상관없다고 다짐했습니다. 저에게 두 아들은 1,000점 이상입니다. 두 아들은 저와 배우자의 정서적, 영적, 신체적 관계에서 비롯되어 제 뱃속에서 열 달을 함께했고, 우여곡절 끝에 이 땅에 태어난 생명체입니다. 두 사람의 DNA를 장착하고 우리 둘의 장단점을 닮아가며 살아갈진대 어찌 마이너스라고 말할 수 있을까요. 우스갯소리에 너무 과한 해석이긴 하지만 그저 아이들의 존재만으로도 감사한 마음입니다.

저를 처음 만나는 분들과의 모임에서 아들 둘이 있다고 말하면 대체로 놀라는 반응을 보입니다. "어머, 이렇게 우아하신데 아들만 둘이세요? 애들이 말을 너무 잘 듣나 보네요." 저를 진짜 모르시는 분들입니다. 저는 그렇게 우아한 사람이 결코 아니거든요(하하). 그리고 저희 아들들도 매년 부러지고 멍이 들어 정형외과에 출근 도장 찍듯 들락거립니다. 시도 때도 없이 아무 말 대잔치를 벌이고, 방 안에는 아이스크림 봉지와 휴지가 뒤엉켜 놀라운 조형물을 만들어 내는 평범한 십 대 남자 청소년들입니다. 그런데 아들 엄마라고 해서 꼭 우악스럽거나 소위 깡패 엄마여야 할까요? 그렇다면 이 땅에 모든 아들 엄마들은 너무 섭섭합니다. 아들 엄마는 우아하면 안 되나요? 저도 간절히 희망하는 바이긴 합니다.

중학생인 큰아들은 저녁 7시쯤 귀가합니다. 근 2년 동안 집에 들어오면서 제일 먼저 내뱉는 변치 않는 첫 멘트는 "엄마, 오늘 저녁 뭐야?"입니다. 그런데 저는 이 말이 제일 싫습니다. 신경을 거슬리게 합니다. 듣기 싫은 말 중 하나이고 더 솔직하게 말하자면 두려운 말입니다. 가끔 아들이 들어오는 소리가 들리면 "오늘 미역국"이라고 선수 치듯 제가 먼저 말하기도 합니다. 혈기왕성한 십 대 청소년이 12시에 급식 먹고 7시까지 머리 쓰며 버텼으니 얼마나 배고팠을까요. 물론 가끔 중간에 간식도 사 먹었을 테고 학원에서 이것저것 주전부리도 했겠지만 끼니다운 끼니는 점심 이후 집에서 먹는 밥이 유일하니까요. 얼마나 먹고 싶은 것이 많았을까요. 그런데 아들의 이토록 근본적인 질문이 제게는 가장 기분 나쁩니다. 그러나 아직까지 아들에게 티 내지 않았습니다. 왜냐고요? 저녁 메뉴를 궁금해하는 단순한 질문에 감정이 상하고 예민해진다는 게 미성숙하고 유치한 엄마로 여겨질까 걱정돼서 말입니다.

저녁 메뉴를 묻는 질문에 예민해지는 이유 중 가장 큰 이유는 제가 잘하지 못하는 일이기 때문입니다. 못하는 일이 수도 없이 많지만 그중에서도 엄마로서 가장 약한 부분이 살림입니다. 가족들을 위해 깨끗한 집안 환경을 정리하고 따뜻하고 정성스런 매 끼니를 차리는 일이 인생에서 제일 어렵습니다. 그나마 요즘은 유튜브, 블로그, 인스타 등 SNS를 통해 다양한 음식 레시피 정보를 볼 수 있으니 너무나 큰 은혜를 누리고 있습니다. 만약 이런 정보가 없었다면 두꺼운 요리책 전집이 집 안 한 곳을 차지했거나, 그마저도 구비하지 못했을 땐 매번 짜증과 울분을 토하며 끼니를 간신히 때웠을 겁니다. 이런 의미로 가

수 이적 씨의 어머니 박혜란 선생님을 매우 좋아합니다. 선생님께서도 자녀들을 키우실 때 집 안에 먼지가 굴러다니고 내일이라도 이사 갈 듯한 풍경이 늘 펼쳐졌다고 하셨거든요. 큰 위로와 격려가 됐습니다. 지금도 주말 점심은 남편의 찬스로 배달 음식을 먹을 수 있으니 얼마나 감사한지요. 이런 제 상황에서 아들의 "오늘 저녁 뭐야?"라는 질문은 마치 제 요리 실력을 테스트하듯, 가족을 향한 제 성실과 수고를 평가하는 것처럼 들립니다. 아들에겐 전혀 의도치 않은 말 한마디가 저에게 도착하면서 실로 무서운 결과를 낳게 되는 것이죠.

저의 부모님은 맞벌이셨습니다. 제가 어릴 적부터 어머니는 평생 일하셨습니다. 맞벌이 부모가 저희 집 하나는 아니었겠지만 제가 어릴 때만 하더라도 일하는 어머니들이 흔치 않았습니다. 중학교 1학년부터 3학년 때까지 학기 초마다 가정환경 조사라는 이유로 어머니가 일하시면 손들라는 질문을 받고 저를 포함 열 명이 채 되지 않는 아이들이 손을 들고 있는 광경을 늘 지켜보았으니까요. 우리나라 1980~1990년대 문화는 열심히 일하시는 성실한 아버지, 근검절약하며 살림하는 현모양처 어머니, 착하고 바르게 공부하는 자녀가 지향하는 가정의 모습이었습니다. 그러나 저희 집은 늘 바쁜 어머니로 인해 이 공식이 성립되지 못했습니다. 아침엔 온 가족이 서둘러 나가기 바빠 아침밥이라는 단어조차 인식되지 못했고 저녁이 되면 녹초가 되어 퇴근하신 어머니의 컨디션과 기분 파악을 위해 눈치껏 행동해야 했으니까요. 하교 후 돌아와도 반갑게 맞이해주는 목소리나 깨끗한 식탁에 주황빛 오렌지 주스와 귀여운 샌드위치가 놓인 간식상은 언감생심이었습니다. 골목길에서 한참 놀고 들어와도 저보다 먼저 따뜻한 밥상이 반겨주는 일은 대체로 없었습니다.

 '밥은 언제 먹지? 배고픈데.'라는 생각이 지배적이었지만 "엄마 밥 언제 먹어?"라고 물었다간 "엄마 지금 왔어, 숨 좀 쉬자."라는 말이 나오기 십상이기 때문에 분위기 봐 가며 눈치껏 행동해야 했습니다. 그래도 감사한 건 저희 어머니가 힘들고 피곤한 일상에서도 저희의 끼니를 넘기거나 대충해서 먹이신 일은 단 한 번도 없었다는 겁니다. 퇴근길에 하나라도 좋은 과일을 사기 위해 일부러 멀리 돌아 시장에서 양손 무겁게 장을 봐 오시고, 기름기 있는 고기는 하나하나 기름을 다 떼어내고 끓여, 말려, 볶아 맛있게 해주셨습니다. 주말마다 온 집안에 기름 냄새를 풍기며 고구마튀김이며 야채튀김이며 골고루 해주셨고 겨울이면 어김없이 소꼬리를 고아주시는 정성도 보이셨습니다. 단지 저녁 식사 시간이 늦었을 뿐, 저보다 귀가 시간이 늦은 어머니를 기다리며 어수룩해지는 어둠이 조금 무서웠을 뿐입니다. 저의 이런 어린 시절 배경으로 짐작해 보건대 아들의 "엄마, 오늘 저녁 뭐야?"라는 질문은 평생 일하시며 분주한 일상이었지만 가족들의 끼니를 위해 최선을 다한 어머니의 능력과 헌신을 따라가지 못하는 저의 열등감일는지도 모르겠습니다. 제일 못하고 약한 부분을 들추어 테스트 당한다는 기분에 느껴지는 저의 좌절감일 수도 있고요. 저 역시 집에 들어오면 갓 지어진 따뜻한 밥 한 끼를 빨리 먹고 싶다는 단순한 바람일지도 모르지요. 아직도 잘 모르겠습니다. 분명한 건 아들의 저녁 메뉴 질문이 저에게 편치 않다는 것, 이것이 저의 성장배경 일화와 관련이 있다는 것, 겉으로 내색하지 않지만 평가받기 두려워하고 적어도 스스로에겐 성과와 결과를 중요시하는 저의 기질과도 관련 있다는 것입니다. 저녁 메뉴를 묻는 말에 어처구니없이 화가 나고 짜증이 물밀듯 일어나는 건 아들의 문제가 아닌 저의 문제입니다. 감사한 것은 저희 아이들은 저녁 메뉴가 무엇이든 음식의 맛이 어떠하든 불평하거나 투정 부리지 않고, 저의 노력과 최선을 어떤 방법으로도 평가하지 않고 맛있게 먹는다는 것입니다.

핵심은 그것입니다. 아들과의 관계에서 발생한 내 감정의 뿌리를 스스로 알고 있는가. 알려고 노력하는가. 찾고 있는가 말입니다. 육아의 모든 현장에서 직면하는 숱한 **감정의 근원은 언제나 아이가 아닌 나에게** 있습니다.

앞서 소개했듯이 저는 두 아들에게서 저의 모습을 발견하고 저를 더 잘 알게 되었습니다. 나라는 사람에 대해 다시 한번 파악했다고 할까요, 객관화했다고 할까요? 마치 관찰 예능 프로그램처럼 거치 카메라가 설치되어 저의 어릴 적 모습을 수십 년간 촬영하고 이제 공개적으로 재생하는 느낌이라고 할까요. 두 아들을 통해 '부모는 자녀의 거울'이라는 식상한 말을 머리부터 발끝까지 전율하듯 체감했습니다. 아들의 감정, 행동, 태도, 생각, 마음, 버릇은 하늘에서 뚝 떨어진 것이 아닌 저와 배우자가 만든 사건입니다. 그것이 생물학적이든, 환경적이든 말입니다. 아이들의 존재 자체부터 현재까지의 모습은 전적으로 저와 배우자의 책임입니다. 저는 아들을 통해 더 성숙해지고 성장하며 겸손해지고 있습니다. 두 아들은 저를 더 괜찮은 어른, 성장하는 엄마로 세워주는 훌륭한 스승과도 같습니다.

대물림의 고리 끊어내기

부모인 우리는 무의식적으로 자신의 어린 시절이 남긴
정서적 유산을 자녀에게 물려줍니다.

셰팔리 차바리

'나는 절대 우리 부모님처럼 하지 않을 거야.'

많은 부모들이 한 번쯤 다짐했을 이 말은 아이러니하게도 우리가 쉽게 깨뜨리는 약속 중 하나입니다. 가정은 나의 모든 가면을 벗고 본연의 모습으로 돌아가는 원초적 공간이기 때문입니다. 그곳에서 우리는 그토록 피하고 싶었던 내 부모님의 모습을 마주하고 또 반복합니다.

"엄마, 오늘 저녁 뭐야?"라는 아들의 질문이 저를 불편하게 했던 이유는 아들과의 사이에서 벌어진 사건이 아닌 저의 기질, 성장배경, 양육 받은 방법에서 비롯된 스토리에서 파생된 일입니다. 늘 피곤하고 힘들다는 말을 달고 사셨던 어머니께 "엄마, 오늘 저녁 뭐야?"라고 쉽게 물을 수 없었습니다. 어머니가 얼마나 애쓰며 살고 있고 하루를

25시간처럼 보내고 있는지 누구보다 제가 잘 알고 있었기에 어머니의 컨디션을 살피며 적절한 타이밍을 찾아야 했습니다. 제가 어린 시절 밥을 굶은 것은 아니었으나 '엄마의 따뜻한 밥'이라는 상징이 신체적 · 심리적으로 적지 않은 영향을 주었기에 수십 년이 지난 지금, 아들과의 관계에서 이와 비슷한 역동을 되풀이하고 있습니다. 사람은 어린 시절 원부모와의 관계를 통해 세상과 상호작용하는 방식의 틀을 형성하고 이것을 또다시 자녀를 양육하는 방법의 기초를 결정하는 절대적 열쇠로 삼기 때문입니다.

최근 뇌 과학 연구는 부모의 양육방식이 자녀의 뇌 발달에 직접적인 영향을 미친다는 사실을 계속해서 보고하고 있습니다. 특히 스트레스 호르몬인 코티졸 조절 능력, 감정을 담당하는 편도체 발달, 그리고 공감 능력과 관련된 거울 뉴런 형성이 부모 자녀 관계에 의해 크게 영향을 받는다는 것이 확인되었습니다. 놀라운 사실은 이러한 영향이 DNA 수준에서도 일어난다는 것입니다. '후성유전학Epigenetics[7]' 연구에 따르면 부모가 경험한 스트레스와 트라우마는 유전자 발현을 조절하는 '에피제네틱 마커'를 변화시켜 다음 세대로 전달될 수 있다고 합니다. 즉, 우리가 받은 양육방식이 우리의 뇌와 유전자에 각인된다

---

7) DNA 염기서열의 변화 없이도 유전자 발현이 변화되어 다음 세대까지 전달되는 현상을 연구하는 학문. DNA 메틸화나 히스톤 단백질의 변형 등에 의해 유전자 발현이 조절되는 것을 말함.

는 것입니다. 애착이론의 창시자인 존 볼비John Bowlby가 제시한 '내적 작동 모델Internal Working Model [8]은 이러한 대물림의 심리학적 메커니즘을 잘 설명하고 있습니다. 어린 시절 형성된 애착 패턴은 뇌의 신경 회로를 통해 고착화되어 성인이 된 후의 관계 형성 방식에 지속적인 영향을 미치며 이는 다시 자신의 자녀를 양육하는 방식으로 표현됩니다. 여기서 중요한 점은 이러한 대물림이 자동적이라는 것입니다. 의식적으로 거부하고 다르게 행동하려해도 스트레스 상황에서는 우리 뇌가 가장 익숙한 반응 패턴을 자동적으로 선택하게 됩니다.

현대 사회에서 세대 간 전이는 더욱 복잡한 형태로 나타납니다. 최근 학계에서는 부모의 트라우마나 심리, 정서적 어려움이 자녀를 양육하는 방식에 있어 어떤 영향을 미치는지 다양한 연구를 통해 보고하고 있는데 다음 세 가지 주요 패턴으로 정리할 수 있습니다.

첫째, 과잉 보상적 양육입니다. 부모가 경험한 결핍을 자녀를 통해 보상하려는 시도입니다. 예를 들어 학업 성취를 이루지 못한 부모가 자녀에게 과도한 교육적 압박을 가하는 경우가 여기에 해당합니다. 이는 표면적으로는 애정의 형태를 띠지만 실제로는 자녀의 진정한 욕구와 필요를 간과합니다. 둘째, 반응적 양육입니다. 이전 세대의 양육

---

8) 자신과 타인에 대한 정신적 표상으로, 영유아기의 주 양육자와의 관계 경험을 통해 형성되는 자신과 타인에 대한 기대와 신념의 체계.

소리로 흐르는 육아

방식을 의식적으로 거부하면서 반대 극단으로 치우치는 경우입니다. 엄격한 가정에서 자란 부모가 자녀에게 지나치게 관대한 양육을 하는 것이 대표적입니다. 이는 또 다른 형태의 불균형을 만들어낼 수 있습니다. 마지막으로 반복적 양육입니다. 무의식적으로 자신이 받은 양육방식을 그대로 반복하는 것입니다. 기억할 것은 이것이 단순한 학습이 아닌 스트레스 반응 시스템의 생물학적 프로그래밍과 관련이 있다는 것입니다. 주목할 만한 것은 '정서적 대물림'입니다. 최근 발표되는 종단 연구들은 부모의 정서 조절 능력이 자녀의 편도체 발달과 직접적인 연관이 있으며 이는 다시 자녀의 정서 조절 능력에 영향을 미친다는 것을 보고하고 있습니다.

어느 며느리가 장애가 있는 시아버지께 식사 준비를 해 드렸는데 시아버지께서 자꾸 식탁에 음식을 흘렸다고 합니다. 그래서 화가 난 며느리는 커다란 질그릇에 밥을 담아 구석에 가서 드시라고 했습니다. 그럼에도 여기저기 밥풀을 흘리고 주변을 더럽혀 급기야는 여물통에 밥을 담아 주었습니다. 며칠 뒤 이 집의 어린 아들이 구석에서 한참동안 무엇을 만들고 있기에 어머니가 물었습니다. "얘야, 무엇을 그렇게 열심히 만드니?" 아이가 대답하기를 "네 어머니, 어머니가 나중에 쓰실 여물통을 만들고 있어요."라고 말했답니다.

여러분은 어떤가요? 혹시 내가 받은 부정적 양육방식을 그대로 답습하고 계시진 않은가요? 그토록 닮기 싫고 진절머리 날 정도로 치를 떨었음에도 그 방식 그대로를 아이에게 되풀이하고 있지 않은가요? 아니면 오히려 내가 받은 양육방식을 바꿔보겠다는 의지로 역효과를 낳고 있나요?

사람의 뇌는 공감과 관계형성의 원리, 거울 뉴런 시스템, 기억과 정서를 담당하는 구조들로 인해 부모, 특히 어머니와 자신을 동일시하게 된다고 합니다. 어린 시절 어머니의 표정과 반응을 관찰하고 모방할 때 거울 뉴런이 활성화되는데 긍정적, 부정적 상호작용을 통해 어머니의 감정을 내면화하게 됩니다. 각별히 부정적 감정을 처리하는 편도체의 역할로 반복적인 부정적 감정 경험은 뇌에 깊이 각인되어 어머니의 감정 반응을 자신에게 투영하게 됩니다. 생존이 목적인 영아들에게 가장 가깝고 중요한 대상인 엄마와의 오랜 정서적 상호작용은 뇌의 여러 신경 회로에 자동반응 패턴을 형성하게 하고 이것이 엄마와 자신의 감정을 동일시하는 기제가 된다는 것입니다. 이러한 동일시는 자녀를 독립된 개체로 인지하지 못하고 나의 또 다른 모습으로 인식해 내 몸을 통제하듯 자녀를 통제하는 행동으로 발전되기도 합니다. '나는 아빠 같은 사람이랑 절대 결혼 안 해.'라고 우렁찬 선언을 했지만 훗날 아버지와 매우 유사한 배우자와 살고 있는 사람들이 적지 않습니다. 아버지에게 가정폭력을 당했음에도 불구하고 아버지와 비슷한 사람에게 끌리거나 다가가는 이해할 수 없는 패턴들 말입니다. 이것 역시 사람의 뇌가 가장 익숙하고 편안한 방식으로 행동하는 특성이 있기 때문입니다.

완벽한 부모는 없습니다. 우리는 모두 누군가의 자녀로 자라며 상처와 결핍을 경험했습니다. 그것을 부정하거나 숨기려 하지 말고 있는 그대로 인정하십시오. 그리고 이제 선택해야 합니다. 매 순간 옛 패턴을 반복할 것인지 새로운 선택을 할 것인지 결정해야 합니다. 언제나 이 결정의 주체는 '나'이며 이 결정을 실천할 사람 역시 '나'입니다. 그렇다면 이러한 부정적 자동 패턴을 바꿀 수 있을까요?

현재를 중심으로 과거 여행을 떠나보십시오. 나의 어린 시절, 부모와의 관계, 더 나아가 부모님과 조부모님과의 관계도 살펴보십시오. 나의 결핍과 감정, 정서를 이해할 수만 있다면 과거로의 여행은 현재 나에게 가장 의미 있는 여행이 될 것입니다. 나는 어떤 가정에서 태어나 자랐고 부모님은 어떤 성품이셨는지, 부모님의 결혼 과정, 부모님의 부부 생활도 차근히 떠올려 보십시오. 생각나는 어린 시절의 장면을 기억해보고 그때의 감정, 생각나는 말, 부모님의 표정이나 뉘앙스도 느껴보십시오. 좋았던 기억, 잊고 싶은 기억, 결코 잊히지 않는 기억들을 스스로 꺼내보십시오. 부모님이 곁에 계시다면 이 여행에 초대해 도움을 받으셔도 좋습니다. 스스로 할 수 없다면 전문가의 도움을 받는 것도 추천합니다. 4장에서 소개할 음악 활용 부분을 참고하여 실천해 보셔도 좋습니다. 요점은 나를 돌아보고 성찰하며 나를 중심으로 밀도 있고 깊이 있는 '생각하기'가 필요하다는 것입니다. 요즘 뇌 과학에서 자주 언급되는 뇌신경가소성이란 우리의 뇌는 평생을 거쳐 변화할 수 있으며 특히 자기 이해와 통찰의 순간에 새로운 신경 회로가 형성됨을 말합니다. 완벽한 변화를 기대하기보다는 점진적 성장을 인정하고 격려하는 자기 연민적 태도가 중요합니다. 혹, 가까운 사람들과의 관계가 긍정적이지 않다면 현재 나와 나의 관계는 어떠한지 돌아보십시오. 지금의 내 모습이 마음에 드는지, 나의 처지와 형편에 감사하는지 자기 자신을 먼저 돌아보시기 바랍니다.

인생이 아름다운 건 언제나 우리에겐 소망이 있기 때문입니다. 대물림의 고리는 끊어낼 수 있습니다. 무의식적으로 반복되는 패턴을 의식적으로 인식하기 시작한다면 우리 가정의 대물림을 끊어낼 수 있습니다. 상담을 한마디로 표현할 때 '무의식의 의식화'라는 말을 자주 사용합니다. 내담자의 무의식을 상담자가 의식화하도록 이끌고 돕는 작업이라는 의미입니다. 자녀 양육 역시 부모로서 가지고 있는 무의식적 감정, 사고, 행동들을 의식수준으로 꺼내는 것입니다. 나의 과거를 인식할 수 있다면 대대손손 묵혀 있던 견고한 부정적 대물림도 내 대에 끊어낼 수 있습니다. **본인의 불완전함을 인정하고 받아들이십시오.** 더 이상 변명과 체면치레는 중요하지 않습니다. 부모 됨이란 결국 스스로의 성장 여정입니다. 이 모든 과정에서 우리는 자신과 화해하고 부모를 이해하게 되며 자녀를 향한 새로운 사랑의 가능성이 열리게 될 것입니다.

 나를 돌아보는 과거로의 여행을 돕는 편안한 음악

♪

나를 위한 천 원의 행복

자기 돌봄이야말로 당신이 자신의 힘을 되찾는 방법이다.

라라 델리아

교사 생활을 잠시 멈추었던 최근 3년을 제외하고 줄곧 일하는 엄마로 지내왔습니다. 두 아이 모두 임신 8, 9개월까지 일했고 출산 이후 첫째는 백일쯤부터, 둘째는 생후 11개월부터 다시 근무를 시작했습니다. 첫째는 다행히 친정어머니께서 봐주셨기에 아무 걱정 없이 일할 수 있었습니다. 그러나 둘째는 돌 이전부터 어린이집에 보내야 했고 등원 첫날(저의 첫 출근)부터 열이 펄펄 끓는 난리통에 아이를 데려가라고 전화가 수십 통 오고, 저는 갈 수 없는 상황에 연신 죄송합니다만 반복해야 하는 곤욕을 치르기도 했습니다. 그래서 워킹 맘들의 고충과 설움, 강박이나 염려를 누구보다 잘 압니다. 워킹 맘으로서 힘들고 어려운 일이 어디 한두 가지이겠습니까. 말하자면 입 아프지요.

저의 경우는 체력적으로 지치는 것이 큰 어려움 중 하나였습니다. 하루 종일 유치원에서 말하고 뛰어다니다가 6시가 되면 머리가 멍해지면서 다리가 후들거렸습니다. 가끔은 귓가에서 아이들 떠드는 소리가 환청처럼 들리기도 했습니다. 지친 몸을 겨우 이끌고 한 시간가량 퇴근길을 지나 집에 도착하면 7시 20분쯤 됩니다. 다른 건 못해도 아이들 밥은 챙겨야 하니 신발을 벗자마자 앉을 틈도 없이 주방에 서서 또 한 시간 남짓 노동을 시작합니다. 겨우겨우 시간을 맞춰 저녁을 차려주고 나면 제 몸은 완전히 방전되어 아무것도 못하는 막대기가 됩니다. 이때 아무도 건드리지 않으면 좋으련만. 꼭 아이들은 내일 준비물을 이 밤에 찾거나 내일 입어야 하는 옷을 빨래통에서 건져내면서 '엄마는 이것도 안 하고 뭐 했어?'와 같은 무언의 메시지를 날립니다. 가뜩이나 지치고 힘들어 죽겠는데, 난 지금까지 밥도 못 먹었는데 나에게 뭘 또 요구하나, 라는 생각에 서럽고 억울한 감정에 아이들에게 버럭 소리를 치기도 했습니다. 욕이나 안 하면 다행이지요. "야!" 소리침과 동시에 엄마가 얼마나 힘들고 지쳤는지 엄마가 하는 일이 얼마나 많은지를 다다다다 쏟아냅니다. 말 한번 잘못 했다가 욕을 바가지로 먹은 아이들은 잔뜩 주눅이 들어 각자 방으로 스멀스멀 들어갑니다. 거실에 홀로 남은 저는 숟가락이 깊게 꽂힌 밥그릇을 무릎에 끼고 재미없는 드라마를 켜 놓은 채 밥을 입에 넣습니다. 이런 상황이 대략 월요일에서 목요일까지 이어졌습니다. 그나마 금요일은 다음 날 출근하지 않는다는 행복함으로 조금 더 여유로운 저녁을 보낼 수 있었고요.

　유치원 근무 환경은 12시에 아이들과 점심을 먹고 나면 6시 퇴근까지 딱히 휴식이라는 것이 없습니다. 대부분의 직장인들도 비슷하겠지만 출근부터 퇴근까지 정신없지요. 6시가 되어 지하철로 향하는 발걸음은 무겁기만 했고 어깨는 땅이 꺼져라 내려가기만 했습니다. 그날도 대방역에서 1호선을 타기 위해 어기적어기적 걸어가던 중 코끝을 강타하는 달콤함에 고개를 연신 돌리며 냄새의 근원지를 찾았습니다. 대학 때부터 자주 먹었던 지하철 와플의 사과잼, 초코 토핑이 눈에 보였습니다. '와, 이게 얼마 만이냐.' 너무나 반가워 저는 와플 가게를 향해 직진했습니다. 씩씩하게 사과잼 초코토핑 와플을 주문하여 받은 후 승강장으로 향하는 에스컬레이터에 신나게 올라탔습니다. 손가락에 묻은 사과잼 한 방울까지 쪽쪽 빨아먹은 저의 소감은 '아, 아쉽다.'였습니다. '두 개 살 걸 그랬나?'라는 후회를 할 때쯤 지하철이 승강장에 들어왔기에 다시 내려갈 엄두는 내지 못했습니다. 그렇게 대방역 와플과의 만남은 일주일에 3번 이상 계속되었습니다. 어느새 퇴근 시간이 다가오면 대방역 와플을 상상할 정도에 이르렀습니다. 대방역 사과잼 와플은 심신이 지친 저에게 잠깐의 달콤함과 당 충전의 기쁨도 주었지만 집에 돌아가 아이들에게 소리 지르지 않고 말할 수 있는 에너지와 여유도 채워주었습니다. 5분 남짓 천 원짜리 휴식과 에너지

충전으로 집에 도착해 동일하게 저녁을 하고 아이들을 챙기고 집안일을 함에 있어 이전처럼 짜증과 신경질이 덜 났다는 겁니다. 거기에 커피 우유까지 얹은 날은 퇴근 후 국토 대장정이라도 할 체력이 충전되는 듯 느껴지기도 했습니다. 지하철 따뜻한 천 원짜리 와플은 저의 체력을 살짝 올려주면서 긴장했던 마음도 달래주었습니다. 달짝지근 잼이 묻은 입술을 닦으며 '이제 내 새끼들 보러 가는구나.'라는 새로운 육아 출근에 앞서 내면을 다스릴 수 있는 충격 완화장치로도 작용했습니다.

이제 와 돌아보니 한 가지 유익이 더 있었네요. 나는 교사도, 엄마이기도 전에 한 사람의 존재만으로도 충분히 존중받고, 수고로움에 대해 인정받고, 고생한 일에 대해 격려 받아 마땅한 사람이라는 것 말입니다. 그것이 단지 천 원짜리 와플과 구백 원짜리 커피 우유였을지라도 내가 스스로 내 존재와 가치에 대해 귀히 여기고 기꺼이 존중해 준 행동으로서 훌륭했다고 봅니다. 일과 육아를 위해 애쓰고 헌신하는 귀한 워킹 맘 동지들이여, 자신을 소중히 여기고 자신을 위해 쓰는 시간과 비용을 아까워하지 마십시오. 누리십시오. 충분한 자격이 있습니다.

퇴근 후 집에 들어가기 전 **잠깐이라도 멈추고, 자신을 돌보십시오.** 1분 1초를 다투는 퇴근길이라면 지하철역 편의점 커피든, 소시지 한

봉이라도 괜찮습니다. 조금 더 여유가 있다면 잠시 엉덩이를 붙이고 앉아서 멍하니 차 한잔하셔도 됩니다. 시간 여유가 있다면 주차 후 차 안에서 음악 한 곡이라도 듣고 들어가십시오. 잠시라도 나를 돌보고 토닥이는 시간을 갖고 아이들을 만나는 것과 5분이라도 일찍 들어가는 것이 최선이라는 생각에 직장에서의 일과 감정을 그대로 감싸안고 구겨 넣은 기분과 정서를 아이들과 배우자에게 쏟아내는 것 중 어느 것을 택하시겠습니까? 엄마가 행복해야 아이가 행복하다는 흔한 말은 생각보다 논리적입니다.

소리로 흐르는 육아

나의 '숨'을 알까

우리의 마음을 해방할 수 있는 사람은 우리 자신뿐이다.

밥 말리, 〈구원의 노래〉 중에서

요즘 제주도에서 해녀체험을 어렵지 않게 체험할 수 있다고 합니다. 저는 물을 무서워해서 평생 도전조차 하지 못할 것 같은데 상상만으로도 색다른 경험이 될 것은 분명합니다. 해녀체험을 위해서는 여러 가지 주의 사항 숙지와 기본적 훈련을 하게 되겠지요? 여기서 잠깐, 여러분은 해녀체험을 위해 가장 먼저 배우는 기술이 무엇이라고 생각하나요? 숨 참기? 잠수 시간? 수영 실력? 어떤 능력이 제일 필요할까요? 해녀체험을 위해 가장 먼저 확인하는 작업은 '자신의 숨 알기'라고 합니다. 자신의 숨이 어느 정도인지 정확하게 아는 것입니다. 숨을 억지로 참는 것이 아니라 내가 조절할 수 있는 내 숨의 정도를 아는 것입니다. 이 숨길이를 파악해 상군, 중군, 하군으로 나눈다고 하네요. 이

숨이 곧 잠수 능력으로 연결되어 얕게는 3m에서 깊게는 20m 바다 아래로 내려간다고 합니다. 제주 해녀들은 물질을 나가기 전 반드시 자신의 '숨길이'를 확인합니다. 베테랑 해녀도 그날의 컨디션, 날씨, 조류에 따라 자신의 숨길이를 새롭게 가늠합니다. 무작정 바다로 뛰어들지 않습니다.

　육아도 마찬가지입니다. 엄마에게도 '숨길이'가 있습니다. 나의 숨은 어디까지인지 어디까지 버틸 수 있는지 언제 쉬어야 하는지 이 모든 것을 아는 것이 육아의 시작입니다. 하지만 많은 부모들이 자신의 숨길이를 모른 채 육아라는 깊은 바다에 뛰어듭니다. 때로는 한계를 넘어 너무 깊이 잠수하다 숨이 턱까지 차오르고 때로는 아예 물 밖으로 도망치고 싶어지기도 합니다. 해녀들은 말합니다. '물속에서 욕심부리면 죽는다.'고. 자신의 숨길이를 모르고 조개 한 개 더 캐려다가 돌아오지 못하는 해녀가 있다고 말입니다.

　육아도 그렇습니다. 완벽한 부모가 되려는 욕심, 모든 것을 혼자 감당하려는 욕심이 우리의 숨길이를 위험하게 만듭니다. 해녀들은 '숨고르기'의 중요성을 압니다. 잠수 전 깊은 숨을 몇 번 들이마시고 내쉬면서 자신의 상태를 점검합니다. 이것을 '숨비 소리'라고 하는데 이는 단순한 호흡이 아닌 자기점검의 시간입니다. 엄마의 숨길이를 알기 위해서도 이런 '숨 고르기'가 필요합니다. 감정의 숨길이를 위해 나는 언제 가장 화가 나는지, 어떤 상황에서 불안이 치밀어 오르는지, 울고 싶어질 때는 언제인지, 기쁨이 가장 오래 지속되는 순간은 언제인지 알아야 합니다. 또한 이런 감정의 숨길이를 뒷받침할 수 있는 '체력적 숨길이'도 알아야 합니다. 하루 중 나의 에너지가 가장 높은 시간대는 언제인가, 나에게 필요한 최소한의 수면 시간은 어느 정도인가, 몸이 회복하는 데 얼마의 시간이 필요한가를 점검해야 합니다. 혼자만의 시간이 필요한 순간, 도움을 요청해야 할 한계점, 배우자와의 갈등을 다룰 수 있는 범위, 아이와의 상호작용에서 느끼는 한계와 같은 '관계적 숨길이'도 빼놓을 수 없습니다. 여러분의 숨은 어떠신가요? 상군인가요? 하군인가요? 여러분은 자신의 숨길이를 알고 계신가요? 어느 정도 파악하고 있나요?

해녀들은 서로의 숨길이를 알고 있습니다. 누가 얼마나 깊이 들어갈 수 있는지 누구는 어느 정도 쉬어야 하는지 그래서 물질하는 동안 서로를 살핍니다. 해녀들은 절대 혼자 바다에 나가지 않습니다. 여러분은 자신의 숨길이를 아는 그 누군가가 옆에 있나요? 해녀들에게는 '테왁'이라는 도구가 있습니다. 물속에서 지칠 때 잠시 의지할 수 있는 둥근 부표입니다. 부모에게도 이런 '테왁'이 반드시 필요합니다. 그것은 배우자의 지지일 수도, 친구의 위로일 수도, 의지하는 절대자의 존재일 수도, 혼자만의 시간일 수도 있습니다. 중요한 것은 이런 도움이 필요하다는 것을 인정하는 것입니다. 해녀들은 결코 테왁 없이 물질하지 않습니다. 이것은 부끄러운 일이 아닌 생존을 위한 필수품입니다.

저는 평소 호흡이 얕은 편입니다. 길고 깊은 호흡보다 짧은 호흡을 여러 번 쉬는 버릇이 있습니다. 평소 말이 빠르고 하고 싶은 말도 많으니 숨 쉴 틈이 없나 봅니다. 주변 사람들이 가끔 저에게 왜 이렇게 흥분해서 숨도 쉬지 않고 말하느냐고 합니다. 별 얘기도 아닌데 그렇게 에너지를 들여 말할 필요가 있냐는 뜻입니다. 주변의 충고처럼 저는 정말 별일 아닌 일상의 소소한 일에도 가끔 과한 에너지를 실어서 말하는 경우가 있습니다. 저도 일상에서 우아하게 대화하고 편안한 호흡을 유지하면서 어떤 일에 대해 일희일비하지 않는 견고한 정서 상태를 갖고 싶습니다. 그런데 그게 마음대로 잘되지 않습니다. 저도 잘 몰랐습니다. 제가 이렇게 일상적인 대화에도 과한 에너지를 실어 말하고 얕은 호흡을 여러 번 내뱉는지 잘 몰랐습니다.

'나는 어떤 사람인가, 나라는 사람은 어떤 스토리가 있을까.'를 집중하고 진중하게 생각하고 되짚어 보는 작업을 시작하면서부터 알게 되었고 그때부터 주변 사람들이 했던 충고와 조언들이 맞물리면서 알아차리게 됐습니다.

얕은 호흡, 빠른 말과 같은 평소 습관을 통해 제 안에 불안이 있음을 알게 되었습니다. 내 안의 불안은 자각하기 쉬운 요소가 아닙니다. 저

소리로 흐르는 육아

도 치료 공부를 시작하고 사람의 행동과 마음에 대해 논리적이고 과학적인 데이터들을 찾아보기 전까지 파악하기 어려웠습니다. 그래서 요즘은 의도적으로 깊은 호흡을 하려고 노력 중입니다. 대중교통을 탈 때, 미용실에서 머리할 때, 카페에서 멍때릴 때, 집안일을 하다 잠시 틈날 때, 그때마다 긴 호흡을 실천합니다. 4~5초 동안 천천히 숨을 들이마시고 1, 2초 멈춘 후 다시 6~7초 동안 천천히 호흡을 내뱉습니다. 들이마신 숨보다 내쉬는 숨을 더 길게 할 때 우리 몸의 안정기 심박수가 낮아진다고 합니다. 안정기 심박수란 평소 편안한 상태에서 60초 동안 심장이 뛰는 횟수인데 손목이나 목에 손가락을 대면 나의 심박수를 쉽게 측정할 수 있습니다. 안정기 심박수가 60 미만 일 때 질병 발병률이 낮고 상대적으로 건강한 삶을 살 수 있다고 합니다. 안정된 심박수 유지를 위한 방법은 운동과 호흡 훈련 등이 있는데 평소 운동은 열심히 못 해도 호흡하기는 언제 어디서나 할 수 있으니 저는 이것을 택했습니다. 긴 호흡하기는 특히 긴장된 자리나 예상치 못한 일로 인해 불안감이 솟구칠 때, 두려움이 몰려올 때, 걱정으로 잠을 이루지 못할 때 등 유용하게 사용할 수 있습니다. 돈도 시간도 절약하며 최대의 효과를 볼 수 있는 호흡하기를 안 할 이유가 없겠지요. 호흡하기는 육아 현장에서 부모의 감정을 조절할 수 있는 최고의 방법입니다.

바다는 매일 다릅니다. 육아도 마찬가지입니다. 어제의 숨길이가 오늘도 같을 것이라 기대하지 않습니다. **매일 새롭게 자신을 점검하고 때로는 쉬어가고 필요할 때는 도움을 요청하는 것. 이것이 지속 가능한 육아의 비결입니다.** 해녀들이 수십 년간 바다와 함께 살아갈 수 있는 것은 바로 이런 지혜 때문입니다. 자신을 알고 한계를 인정하고 서로를 돌보는 지혜. 여러분의 숨길이는 얼마입니까? 오늘은 얼마나 깊이 잠수할 수 있습니까? 이제는 이런 질문을 스스로에게 던져보아야 할 때입니다. 이것이 긴 육아 흐름의 시작입니다.

'포기'는 배추를 셀 때만이 아니다

완벽한 엄마가 되는 길은 없지만, 좋은 엄마가 되는 수만 개의 길은 있다.

질 처칠

.

다른 사람에게 평가받는 것을 싫어하면서도 인정욕구가 컸던 저는 매사 욕심도 많았습니다. 지금은 스스로를 객관적이고 분석적으로 볼 수 있어서 타인의 시선에도 유연해졌고 저에 대한 평가도 많이 내려놓은 상태입니다만 어릴 땐 욕심이 많아 먹고 싶은 것도 많은 아이였습니다. 현재 저는 일상에 감사하며 예전처럼 주먹 꽉 쥐고 뭐든지 잘하려고 하는 마음에서 한결 편해졌습니다. 잘하고 싶어 하는 태도가 반드시 부정적인 것은 아닙니다. 잘하려는 마음, 잘 해내야 한다는 열심, 끊임없는 호기심이 있었기에 공부도 했고, 성취도 했고, 스스로를 격려할 수 있는 수준까지 도달했습니다. 이건 그저 시간이 흐름에 따라 저절로 이루어낸 성취가 아닌 오랜 기간 스스로 각고의 노력을 통해 이루어낸 값입니다. 그래서 이제는 스스로의 가치를 충분히 인정해 주고 싶습니다.

　잘 해내야 한다는 생각은 일과 육아를 병행해야 하는 워킹 맘의 삶에서 최고점을 찍었습니다. 하루 8시간 이상의 풀타임 근무를 하면서 동시에 집안일과 육아까지, 시간은 없고 체력은 더 없다는 게 사실이었기 때문입니다. 남편의 도움도 있었고 친정어머니도 가깝게 사셨지만 그래도 어디까지나 집안일은 엄마가 개입하고 나서야 일이 진행되고 결론을 맺는 것 아니겠습니까. 게다가 뭐든지 주도적으로 일하기를 좋아하는 저는 제가 처음과 끝을 맺어야 직성이 풀리는 사람이었기에 사서 고생이라는 말을 들을 정도로 모든 일에 신경 쓰고 관여했습니다. 그러나 해도 해도 안 되는 것이 바로 살림이었습니다. 앞서도 고백했지만 저는 매 끼니 음식 하는 걸 매우 두려워합니다. 그래도 지금은 엄마 경력이 16년 차 되니 그동안의 짬에서 나온 메뉴가 몇 있긴 합니다만, 아이들이 어렸을 땐 책과 인터넷을 뒤지며 한숨부터 나오는 영역이 바로 음식이었습니다. 오죽하면 차라리 고액 연봉자가 되어 매 끼니 좋은 음식을 배달시켜 먹든지, 음식만 해주는 도우미분을 고용하자는 생각까지 했을까요. 안타깝게도 지금까지 고액 연봉자가 되지 못하여 '오늘은 또 뭐 해 먹나.'를 여전히 고민하고 있습니다. 냉장고 문만 열면 척척 해내는 엄마들 너무 부럽습니다. 그런 능력은 어디에서 나오는지 정말 존경스럽습니다.

주변에서 저를 아시는 분들이 가끔 "선생님은 못하는 게 뭐예요?"라고 묻습니다. 못하는 게 너무나 많은데 겉으로 드러나는 일들만 보셔서 이런 질문들을 하십니다. 이 질문에 "저 살림 못합니다. 저희 집 정신없고 주방은 더 정신없습니다."라는 대답을 하기까지 결혼 이후 10년 넘게 걸렸습니다. 스스로 제가 못하는 것을 인식하고 못한다고 내 입으로 인정하기까지 10년이라는 시간이 필요했습니다. 그런데 이렇게 선포하고 나니 마음이 한결 가벼워졌습니다.

'나, 다 잘하는 사람 아니야, 나 요리 못해, 애들 밥도 겨우겨우 챙겨.' 이 마음을 들키고 아니 내가 시인하고 나니 자유로워졌습니다. 예쁜 식기에 아름답고 깔끔한 비주얼의 식탁을 제공하지 못하지만 대신 난 아이들의 '감정 읽기는 할 수 있어.' 꼬리곰탕은 못 끓여줘도 누구보다 '아들의 개그는 잘 쳐줄 수 있어.' 갈비찜은 내 손으로 못 해줘도 아이들 학습의 어려움과 사회생활의 갈등은 '이해할 수 있어.'라는 마음입니다. 엄마는 결코 원더우먼이 아닙니다. 원더우먼이 될 수도 없을뿐더러 돼서도 안 됩니다. 특히 워킹 맘들은 더더욱 원더우먼이 되면 안 됩니다. 슈퍼 영웅이란 결국 나 스스로를 돌보지 않는다는 것을 그럴듯해 보이는 가면을 덧씌워 만천하에 드러내는 격밖에 되지 않는다고 생각합니다.

포기하십시오. 한 가지는 과감히 포기하십시오. 그것이 대체될 수 있는 영역이라면 단호히 포기하십시오. 저는 살림을 포기했습니다. 질병에 걸리지 않을 만큼의 위생을 유지하고, 가족들이 불편을 겪지 않을 만큼의 정리정돈을 지키며, 때맞춰 최선의 정성을 담은 끼니를 제공해 주는 선에서 저의 살림을 제한했습니다. 그 이상을 해내지 못하는 제 자신을 탓하지도 않고 스스로를 낮게 평가하지도 않고 나쁜 엄마, 게으른 엄마라 여기지도 않습니다. 제가 할 수 있는 최선이 여기까지임을 인정하는 것입니다. 그리고 이 제한선은 배우자와 아이들 모두가 공유하고 서로 이해하며 수용해 준 결과입니다. 포기는 배추를 셀 때뿐 아니라 엄마로서 인격체로서 나의 정신 건강을 위해 **나를 지키기 위한 최소한의 경계선입니다.**

소리로 흐르는 육아

결국, 관계다

우리가 평화를 잃었다면, 그것은 우리가
서로에게 속해 있다는 사실을 잊었기 때문입니다.

마더 테레사

행복박사님으로 불리는 최인철 교수님은 강연에서 행복의 3대 영양
소로 첫째 자유, 둘째 유능 그리고 마지막으로 관계를 꼽는다고 이야
기했습니다. 『내면소통』 책으로 뇌 과학과 마음근력에 대해 설명하신
김주환 교수님도 마음근력을 키우기 위해 필요한 것은 자기조절력,
자기동기력 그리고 대인관계력이라고 주장했습니다. 우리의 행복과
마음 건강에 왜 이토록 타인과의 관계가 중요할까요?

사람의 존재 자체가 관계적이기 때문입니다. 사람은 사회적으로 살
아가도록 디자인되었습니다. 사람의 뇌는 중요한 사람과 관계 맺을
때 가장 편안하도록 구조화되어 있고 몸과 마음 역시 그러한 의도에
순응하도록 설계되었습니다. 인간은 생존과 번영을 위해 타인과 협

력하며 살아온 무구한 경험으로 타인과 상호작용 하며 친밀감을 느낄 때 본능적인 만족감을 얻을 수 있습니다. 이때 우리 몸은 옥시토신 분비를 촉진하여 스트레스를 줄이지요. 이러한 현상은 전두엽의 활성화를 유도해 감정조절 능력과 행복감을 높이는 데 중요한 역할을 합니다. 세상의 모든 창조물은 만들어진 이유와 목적에 부합할 때 가장 아름답습니다. 물고기는 물에 있을 때 가장 안전하고, 새는 하늘을 날때 가장 행복합니다. 이와 마찬가지로 사람은 다른 사람과 상호작용하며 관계를 맺을 때, 이해와 배려를 바탕으로 소통할 때, 가장 안전하고 행복한 삶을 누릴 수 있습니다. 이것은 모든 사람이 되도록 착하게 살아야 한다는 도덕적이고 윤리적인 개념에 국한된 것이 아닌, 사람의 사고와 움직임을 관장하는 뇌의 구조 자체가 그렇게 설계되어있다는 매우 과학적인 이야기입니다. 음악의 과학적 원리 중에 한 무리의 사람들이 같은 노래를 부르면 옆 사람과 동기화되어 서로의 감정이 전이되는 현상이 있습니다. 한 사람이 울면 같이 울고, 한 사람이웃으면 같이 웃는 상호적 현상이 바로 음악의 원리를 느끼게 하는 장면이지요.

이 땅에 태어나 제일 먼저 마주하게 되는 관계는 어떤 관계일까요? 의심의 여지 없이 부모와의 관계입니다. 세상의 모든 사람이 부모가되는 것은 아니지만 세상 모든 사람은 부모가 있습니다. 현존하든 그렇지 않든 부모가 있습니다. 기억하든 못하든 우리에겐 부모가 있습니다. 부모에 대한 기억이 긍정적이었든 부정적이었든 우리에겐 부모가 있습니다. 부모가 있었기에 내가 있습니다. 태아와 한 몸을 이루며 뜨거운 심장을 몸 안에 품은 채 열 달을 버티고 어떤 일이 있어도 이 생명을 지켜내겠다 목숨을 건 존재가 있었기에 지금의 내가 있습니다. 혼자서는 아무것도 할 수 없는 유약하고 가냘픈 나를 위해 생애 초기 시간과 정성, 에너지와 사랑을 쏟아부은 대상이 존재했기에 지금까지 나의 생명이 유지될 수 있었습니다. 그러므로 현재 나의 모습은 이 세상에 태어나 가장 먼저 관계 맺은 주 양육자와의 상호작용에서 파생된 모든 스토리의 결정체이며 앞으로 돌봐야 할 자녀와의 관계를 좌우하는 시작점이기도 합니다.

여러분의 부모님은 여러분을 키우실 때 어떤 영역에 가장 많은 공을 들이셨다고 생각하나요? 여러분은 현재 자녀 양육을 위해 어떤 영역에 가장 많은 에너지와 마음을 쓰고 계신가요?

외모? 학벌? 재능? 인맥? 물질적 소유? 결혼? 어떤 영역인가요?

"어머니, 자녀에게 경제적으로 너무 많이 투자하지 마세요. 나중에 본전 생각납니다." 부모교육 강연에서 종종 드리는 말씀입니다. 이때 대부분의 부모님들은 '에이~ 설마'라는 표정으로 웃으십니다. 어찌 부모가 자식에게 내준 것들이 아까울까요. 부모의 조건 없는 사랑을 멈추라는 것이 절대 아닙니다. 과하게, 넘치게, 분수 이상으로 채워주고 싶어 하는 부모님의 과도한 허용이나 욕심을 염려하는 마음에서 드리는 말씀입니다. 자녀교육은 투자한 만큼 미래가 보장되거나 그에 상응하는 보상이 주어지는 영역이 아닙니다. 인풋과 아웃풋이 일대일 대응 법칙으로 적용되지도 않습니다. 자녀교육이란 부모가 자녀를 전적으로 책임지는 것도 아닙니다. 자녀가 성인이 되어 독립적이고 주체적인 삶을 살아갈 수 있도록 최소한의 기본적 인간됨을 위해 지원하며 사랑하는 것뿐입니다. 그저 나에게 잠시 맡겨진 손님처럼 친절히 대하면 충분합니다. 자녀에게 부모의 인생을 과하게 투자하시는 분들은 다음 대사를 내뱉는 날이 올 수 있습니다.

"내가 널 어떻게 키웠는데, 네가 나한테 이래?" 그리고 곧이어 자녀에게 다음과 같은 대답을 들으실 확률도 높습니다. "엄마가 나한테 뭘 그렇게 해줬는데? 누가 해주래?"

어느 정신과 선생님께서 최근 2030 상담 사례에 대해 분석하시기를 청년들이 정신 건강의 이유로 내원하여 호소하는 요인에는 공통된 두 가지 불만 사항이 있다고 합니다. 하나는 "저희 엄마가 웬만한 건 다 해주셨는데 이것만 안 해주셔서 제가 지금 이 모양이에요."라고 호소하거나 또 다른 측면은 "저희 엄마가 어릴 때부터 저에게 너무 많이 뭘 시키셔서 제가 지금 이 모양이에요."라고 말한다고 합니다. 어쨌든 무얼 안 해줘서 문제가 된 것이 아니라 너무 해줘서 문제가 발생했다는 겁니다. 온라인에서 접한 사례입니다. 20대 후반 딸과 어머니가 고민을 적어내셨습니다. 고민의 요지는 딸의 결혼에 대한 문제였고 완강히 반대하는 부모와 끝까지 결혼하겠다는 딸과의 팽팽한 대립이었습니다. 자녀의 결혼문제는 주변에서 흔히 볼 수 있는 고민 중 하나이죠. 딸의 남자친구는 아버지의 조그만 사업을 물려받고자 아버지 밑에서 일을 배우고 있다고 했습니다(사업의 규모나 재산 정도는 모르겠습니다). 딸의 직업은 의사였습니다. 딸의 아버지는 의사 딸을 만들기 위해 직장도 일찌감치 퇴직하여 10여 년 동안 딸의 뒷바라지를 하며 온 힘과 정성을 쏟았다고 했습니다. 고민을 적어 낸 딸은 결혼 후 본인이 가정 경제를 책임지고 남편이 집에서 살림을 해도 무관하니 결혼 못 할 이유가 없다며 야무지게 말했습니다. 관중들의 박수와 함성이 터져 나왔습니다. 그러나 옆에 앉으신 어머니께서는 미간을 찌푸린 채 고개를 절레절레 흔드셨습니다. 딸은 현재의 남자친구와 5년간 연애했고 시간이 지날수록 바른 성품과 인격에 사랑이 더욱더 커진다고 했습니다. 어머니는 여전히 고개를 절레절레 흔드시더니 급기야 고개를 돌려버리셨습니다. "나도 나지만, 애 아빠는 나보다 더 심해요. 결코 허락하지 않을 거예요." 어머니께서 이렇게 말씀하시며 급 어두운 표정을 지으셨습니다. 이 댁의 부모님은 야무지고 지혜로운 따님의 결혼을 왜 이토록 완강히 반대하실까요?

아이는 배, 엄마는 항구

저는 지난 3년 동안 유치원, 어린이집, 도서관 등에서 '음악이 흐르는 부모교육'이라는 타이틀로 '사랑, 흐르다'라는 주제의 부모교육 강연을 했습니다. 이 책은 부모교육 강연의 확장판이기도 합니다. 어느 나라보다 높은 교육열과 강도 높은 입시제도가 존재하는 대한민국에서 교육을 말한다는 것 자체가 부담스러운 일입니다. 그러나 16년 동안 현장에서 만난 수많은 아이들과 부모들을 통해 직접 보고, 듣고, 부대끼며 체감한 경험이 있었기에 소신껏 이야기할 수 있었습니다. 자녀를 목숨만큼 사랑하지만 육아는 버겁고 힘든 부모들. 엄마 아빠는 아낌없이 채워준다고 주고 있음에도 부족하다고 보채는 아이들. 이제는 그만하고 싶다며 모든 것을 포기한 엄마들. 이들에게, 결국 우리에게 필요한 것은 위로부터 흐르는 건강한 관계임을 전했습니다. 누구도 예측할 수 없는 불확실한 AI 시대에 우리 아이들에게 물려주어야 할 자산은 무엇일까요? 단언컨대 눈에 보이는 인지기능은 결코 아닙니다. 세상의 지식은 지금도 클릭 한 번으로 세계적 수준의 정보들을 얼마든지 얻을 수 있습니다. 이제는 눈에 보이지 않는 가치들이 훨씬 더 중요한 시대입니다. 아니 오래전부터 이 가치는 흔들림 없이 존재했지만 우리는 그 중요함을 이제야 비로소 깨닫게 되었습니다. AI 시대 필수로 꼽히는 덕목인 회복, 끈기, 협동, 창의, 감정조절, 대인관계, 문제해결과 같은 비인지기능은 부모와의 굳건한 정서적 관계

소리로 흐르는 육아

에서부터 시작됩니다.

　육아란 '올바른 가치관을 지닌 권위 있는 부모가 자녀를 위한 최소한의 울타리 안에서 편안하고 자유롭게 양육하는 것'입니다. 부모의 역할은 내 아이와 좋은 관계를 맺고 오래도록 유지하는 것입니다. 손이 가장 많이 가는 영유아 시기뿐 아니라 도저히 이해하지 못할 것 같은 사춘기를 지나 함께 성숙해지고 나이 들어가는 장년기에 이르기까지 말입니다. 김요셉의 『삶으로 가르치는 것만 남는다』에서 부모 역할은 자녀들에게 가장 가까이에서 자신의 삶을 보여주는 것으로 충분하다고 말합니다. 노부미의 『내가 엄마를 골랐어!』 그림책은 세상에 태어나기 위해 하늘의 아기천사들이 모여 이 땅에서 마음에 드는 엄마를 골라 태어난다는 스토리를 담고 있습니다. 어쩌면 그림책처럼 우리 모두는 내가 아이를 낳은 것이 아닌 내 아이가 오래전부터 나를 엄마로, 부모로 선택하여 이 땅에 온 것일지도 모릅니다. 나처럼 부족하고 이기적이며 자격 없는 사람을 부모로 선택해 준 것일지도 모릅니다. 툭하면 소리 지르고 하루에도 열두 번씩 마음이 바뀌며 감정이 널뛰는 형편없는 나를 평생 부모로 선택해 준 것일지도 모릅니다.

　심리학자 엘레노어 깁슨Eleanor Gibson과 리차드 워크Richard Walk가 코넬대학교에서 함께 고안한 '시각벼랑실험'이 있습니다. 이 실험은 영아의 깊이 지각 발달에 관한 것으로 대상은 6개월 된 영아들입니다. 실험 내용은 동일한 체크무늬의 평평한 바닥과 1m 남짓 깊이 파인 바닥을 만들어 유리판으로 덮은 뒤 반대편에서 장난감으로 유인해 그 위를 건너가게 하는 것입니다. 이 같은 장치는 바닥이 실제 파여 있을지라도 유리판으로 인해 안전하지만 영아들에게는 낭떠러지와 같은 착시 현상을 불러일으키게 된다는 것이 핵심입니다. 6개월 영아들이 절벽 부분을 기어가지 못하면 깊이를 지각한 것이고 아무 두려움 없이 건너간다면 깊이를 지각하지 못하는 것으로 해석하는 것이었습니다. 그런데 실험 중 영아들을 두려움 없이 반대편으로 건너가게 한 특별한 요인을 발견하게 되는데요, 그것은 바로 건너편에서 장난감으로 아기를 유인하는 엄마의 표정이었습니다. 엄마의 표정이 어둡고 무표정일 때는 아기들은 낭떠러지 앞에서 머뭇거리며 건너가지 못했지만 밝고 상냥한 표정의 엄마를 발견했을 때는 거리낌 없이 씩씩하게 절벽 부분을 건너갔습니다. 영아들은 두려움을 느끼는 상황에서 자신이 어떻게 행동해야 할지 모를 때, 상황을 해석하고 자신의 행동을 결정하는 데 도움을 받기 위해 엄마를 바라보았습니다. 엄마의 표정을 통한 정서를 자신의 행동 길잡이로 삼은 것입니다. 엄마의 정서적 지지가 두렵고 무서운 상황에서 내려야 하는 자신의 결단과 판단, 그리고 행동에 큰 힘이 되어준 것입니다.

육아는 원래 불안한 것입니다. 나와 배우자의 유전자를 장착하고 이

소리로 흐르는 육아

땅에 태어나 100년 가까이 살아갈 존재를 양육하는데 어떤 부모가 아무 걱정하지 않고 염려하지 않겠습니까. 무조건적 사랑이 담긴 존재에 대한 불안은 본능적인 것입니다. 특별히 대한민국은 강한 집단주의 문화 탓에 다른 집 자녀의 성장 템포에 내 아이가 따라가지 못할까 봐, 남들만큼 괜찮아 보이지 못할까 봐 걱정스러워하는 부모들이 많습니다. 남들 다 할 때 내 아이만 못할까 봐 두려운 마음에 아이가 성장할수록 양육에 대한 불안감은 더 커집니다.

　우리 몸의 건강 정도를 확인하기 위해 심박수를 확인하듯 육아 건강을 위해 내 아이와의 관계를 확인해 보십시오. 자녀와의 관계에서 쓸데없는 억울함, 답답함, 불안감은 없는지 이것을 개선하기 위해 나를 돌아보고 나에게 집중하고 있는지 점검해 보시기 바랍니다. 부모교육 강연 때마다 참석하신 부모님들과 함께 부르는 노래가 있습니다. 심수봉 씨의 〈남자는 배, 여자는 항구〉 노래를 개사한 것인데 예상외로 많은 어머님들이 이 노래를 듣고 오열하십니다. 저는 구슬픈 멜로디와 분위기 때문일 것이라고 예상했는데 부모님들이 고백하시기를 '이별'이라는 단어에 마음이 흔들렸다고 합니다. 우린 결국 자녀를 떠나보내야 합니다. 우리가 평생 같이 살아야 할 대상은 자녀가 아닌 배우자입니다. 어쩌면 이 세상의 모든 부모들은 예정된 이별을 위해 수많은 시간과 에너지를 쓰는 가장 비효율적 인생을 살고 있는지도 모르겠습니다. 강연에 사용된 가사 중 일부분을 공유합니다.

언젠가 찾아올 우리의 이별이 아쉬워 두 손을 꼭 잡았나

눈앞에 바다를 핑계로 헤어지나 **아이는 배, 엄마는 항구**

세상 모두가 외면해도 내 편이 되어줄 수 있는 사람 한 명만 있으면 세상은 살 만 하다고 얘기합니다. 당신의 자녀에게 그 한 사람이 바로 여러분이길 바랍니다. 세상의 모든 배는 작은 통통배든, 거대한 여객선이든, 새우를 잡든, 오징어를 잡든, 망망대해를 항해합니다. 만선이 되어 의기양양하게 항구로 돌아오는 날도 있겠고 풍랑에 부서져 형편없는 모습으로 돌아오는 날도 있을 것이며 오랜 시간이 지나도록 수고했지만 빈 배로 돌아오는 날도 있을 것입니다. 또 연료가 떨어져 겨우겨우 뭍으로 도착하는 날도 있겠지요. 변함없는 사실은 배는 항구로 반드시 돌아온다는 것입니다. 배는 항구로 돌아와 기쁨으로 수확한 식량을 내리고 긴장했던 마음을 쓸어내리며 휴식을 취하기도 하고 부서진 곳을 보수하거나 부족한 연료를 채우기도 합니다. 항구는 언제나 그 자리에 있습니다. 항구가 있기에 배는 돌아올 수 있습니다. 굳건한 항구의 존재로 배는 새로운 항해를 위해 다시 정비하고 충전할 수 있습니다.

소리로 내 마음 알아보기

분발해 줘

여러분은 현재 자신의 모습이 마음에 드나요?

나의 건강, 외모, 학력, 직업, 경제력, 인간관계, 결혼생활, 배우자, 자녀, 가족관계에 만족하나요? 부모 상담을 통해 만난 윤진이 어머니는 딸 바보 아버지와 무뚝뚝한 어머니, 자신 밑으로 남동생 둘, 여동생 한 명의 가정에서 성장했습니다. 성인이 되어 돌이켜볼 때 아버지는 자신의 이야기라면 무조건 허용해 주는 전형적인 딸 바보 아빠셨고, 상대적으로 살가운 표현을 잘하지 않는 어머니와는 상호작용이 거의 없었다고 합니다. 윤진이 어머니는 현재 다섯 살 연상의 남편을 만나 남매를 낳았습니다. 남편의 벌이가 적은 건 아니지만 외벌이로 서울 아파트에 거주하며 아이 둘을 양육하려니 빠듯한 살림이었다고 했습니다. 남편은 추가 수당을 받기 위해 매일 야근을 해야 했고, 딱히 이렇다 할 전문성이나 자격증이 없어 직장을 구하기 어려운 윤진이 어머니는 그저 매달 남편의 급여를 들여다보며 한숨만 늘어갈 뿐이었습니다. 윤진이 어머니는 결혼 전 몇 개월 알바, 몇 개월 학습지 교사를 경험했다고 했습니다.

"저희 엄마 아빠는 그냥 다 '그래그래' 부모였어요. 제가 놀면 노는 대로 자면 자는 대로 그냥 그렇게 가만히 내버려두셨어요. 남들이 보면 부모에게 들들 볶이지 않아서 좋았겠다고 생각하겠지만 지금 와 보니, 이런 엄마 아빠 탓에 제가 공부를 안 했고 그 결과 무능력해진 제 모습만 남았어요." 윤진이 어머니는 한숨을 길게 내쉬며 이야기를 이어가셨습니다. "어휴, 사실은 제가 동생들에게 희생한 거죠. 사남매 다 공부시킨다는 게 보통 일 아니잖아요. 저에게 들어갈 돈을 동생들에게 양보하고 전 그냥 학교만 졸업한 거예요. K장녀의 설움이라고 할까요." 뒤이어 어머니의 호소가 시작됐습니다.

"선생님, 제가 이렇게 집구석에서 늘어난 트레이닝복 입고 애들만 보며 화가 나는 이유가 뭔지 아세요? 솔직히 제가 능력이 없으니 집에 있을 수밖에 없는 거예요. 저도 애들 안 보고 괜찮은 회사 가서 일하고 싶어요. 제가 지금 제일 후회되는 일이 뭔지 아세요? 학창 시절 공부 안 한 거예요. 그런데 제가 왜 공부 안 한 줄 아세요? 엄마 아빠가 저에게 공부하라고 하지 않으셨어요. 아니, 애들이 어떻게 스스로 공부하겠어요? 그런 애들이 있나요? 어디까지나 부모가 강압적으로라도 끌고 가야 대학도 가고 직장도 가고 그렇게 성취하는 거잖아요. 맏이니까 동생들에게 양보하라는 무언의 부모님 사인 때문에 공부 안 해서 지금 저만 이렇게 아줌마 된 거잖아요. 저도 경제적으로 밀어줬더라면 지금쯤 이렇게 집구석에 있지 않아요. 적어도 경력은 쌓았을 거 아니에요!"

어머니가 상담을 의뢰하신 주 호소 문제는 아이들과 남편에 대한 화를 조절하지 못하는 것이었습니다. 남편의 벌이가 적어 화가 나고, 아이들이 아침 등원 준비에 늑장을 부려도 화가 나고, 거실에 놀잇감을 늘어놓아도 화가 나고, 밥 먹으라고 한번 말했는데 듣지 않으면 화가 나고, 외출했을 때 천방지축 여기저기 뛰어다니며 통제 안 되는 행동을 할 때는 화가 머리끝까지 치밀어 오른다고 했습니다. 거의 하루 종일 화라는 감정이 스탠바이하고 있다가 틈만 나면 전면으로 튀어나올 지경이었습니다. 윤진이 어머니는 자신의 무능력함을 계속해서 부모님 탓으로 돌리며 원망하고 후회

소리로 흐르는 육아

했습니다. 그런데 상담이 진행될수록 제게는 한 가지 궁금증이 생겼습니다. 남편의 벌이가 적지 않고 아직 미취학 아이를 키우는 상황이라 학원 비용이 많이 드는 것도 아닐 텐데 왜 경제적으로 이토록 어려울까 하는 것이었습니다. 어머니께서 나중에 고백하시길, 다섯 살 첫째 아이를 위한 온라인 유료 콘텐츠에 매달 백만 원 이상을 쓰고 있다고 합니다. 어머니는 아이가 언어발달도 늦고 표현도 정확하지 않아 어린이집에서 뒤처지고 또래와 비교했을 때 부족하다 느끼고 있었습니다. 한글, 영어, 중국어, 논술 추가할 때마다 비용이 늘어난다고 했습니다. 윤진이 어머니는 자신의 무능력함이라는 결핍을 채우기 위해, 부족한 형편에도 다섯 살 딸의 사교육에 매달 백만 원 이상을 결제하고 있었습니다. 자신의 무능력이 부모의 관심과 경제적 지원의 부족함이라 여기고 내 아이에게는 절대 똑같은 부모가 되지 않기 위해 과도한 지출을 감행하고 있었고, 여기에서 발생되는 스트레스를 아이들과 남편에게 풀고 있었습니다.

'아이야, 나처럼 불행하면 안 되니 분발해 줘.'
어머니에게 진정한 결핍은 무엇이었을까요?

내 안의 소리를 들어요

- 혹시, 어린 시절을 돌아볼 때 부모로부터 받지 못했다고 생각하는 부분이 있나요?(예: 사랑, 의식주, 경제적 지원)
- 만약, 나에게 결핍된 부분이 있었다면 현재 나의 육아에 어떤 영향을 미치고 있나요?

_____

_____

_____

_____

_____

3장

육아는
소리로
흐릅니다

♫

부모의 소리가 흐르다

　이 세상 모든 것들은 흘러갑니다. 물이 흐르고, 시간이 흐르고, 감정이 흐릅니다. 우주의 모든 존재는 끊임없는 흐름 속에 있습니다. 음악도, 육아도 흐릅니다. 음악은 본질적으로 흐름 그 자체입니다. 한 음에서 다음 음으로 한 박자에서 다음 박자로 끊임없이 이어지는 소리의 흐름이 바로 음악입니다. 단 한 음도 고립되어 있지 않습니다. 모든 음은 이전의 음으로부터 영향을 받고 다음 음에 영향을 미치며 하나의 선율을 만들어냅니다.

　육아 역시 마찬가지입니다. 부모에서 자녀로, 다시 그 자녀에서 그들의 자녀로 끊임없이 이어집니다. 어떤 순간도 어떤 행동도 고립되어 있지 않습니다. 모든 말과 행동, 감정은 이전의 경험으로부터 영향을 받아 다음 순간에 영향을 미치며 하나의 인생을 만들어갑니다. 흐름의 속성을 가진 음악과 육아는 공통점이 많습니다.

첫째, 시간성을 가집니다. 음악이 시간 예술이듯 육아도 시간 속에서 이루어지는 예술입니다. 한순간의 실수나 불협화음이 전체를 망치지 않습니다. 중요한 것은 전체적인 흐름입니다. 어린 자녀를 양육하는 부모들이 놓치기 쉬운 부분이 바로 이 지점입니다. 육아는 하루아침에 결정되는 것이 아닙니다. 오랜 시간, 오랜 관계, 오랜 교감의 흐름 끝에 마침내 이루어지는 것입니다. 오늘 하루 동안의 조바심과 걱정으로 괴로워하기보다 더 멀리 더 깊이 바라보는 시선이 필요합니다.

둘째, 공명의 원리를 따릅니다. 음악에서 한 현의 진동이 다른 현을 울리듯 육아에서도 부모의 감정과 행동은 자녀의 내면을 울립니다. 부모의 불안은 아이의 불안으로 부모의 기쁨은 아이의 기쁨으로 공명합니다. 이는 단순한 모방이 아닌 꽤 깊고 견고한 오래된 차원의 정서적 전이입니다.

셋째, 리듬을 기반으로 합니다. 리듬 없는 음악이 존재할 수 없듯이 건강한 육아도 일정한 리듬이 필요합니다. 밤낮의 리듬, 일상의 리듬, 감정의 리듬. 발달단계의 리듬, 부모 자녀 상호작용의 리듬은 자녀에게 예측성에 따른 안정감을 주고 건강한 성장을 가능하게 합니다.

더 나아가 음악과 육아는 모두 즉흥성과 계획성이라는 상반된 요소

소리로 흐르는 육아

의 조화를 필요로 합니다. 훌륭한 음악가가 악보를 충실히 따르면서도 순간의 감흥을 살려 연주하듯 좋은 부모는 원칙을 지키면서도 상황에 따라 유연하게 대처할 줄 압니다. 음악 경험에는 감상부터 연주, 창작까지 다양한 활동들이 있습니다. 저에게 최고의 음악 경험을 꼽으라고 한다면 저는 주저 없이 즉흥연주라 말합니다. 일정한 박과 리듬이 어우러진 구조 안에서 정답이 없는 나만의 독창적인 멜로디와 리듬패턴을 그 자리에서 표현하는 것입니다. 이때 연주는 지금, 여기에서 순간적으로 튀어나온 표현이지만 이 순간의 음악 표현은 그동안 수없이 듣고 연주하고 경험하며 학습해 온 모든 음악의 총합이 그대로 묻어난 것입니다. 즉, 즉흥연주란 음악의 기본박과 리듬패턴, 코드진행과 같은 음악의 기초가 숙달되지 않고서는 표현하기 힘든 연주입니다. 육아 역시 부모와 자녀 사이에서 서로의 눈빛만 보고도 알아차릴 수 있는 언어적, 비언어적, 정서적 티키타카[9]가 가능하기 위해서는 오랜 시간 계획적으로 설계되고 실현된 육아 원칙 이후에 가능한 일입니다.

이처럼 음악과 육아는 단순한 비유적 관계를 넘어 본질적으로 동일한 원리로 작동합니다. 이는 우연이 아닙니다. 우리 모두가 태내에서부터 어머니로부터 가장 기본적인 리듬과 함께 성장했기 때문입니

---

9) 티키타카(tiqui-taca)는 스페인어로 탁구공이 왔다 갔다 하는 모습을 뜻하는 말로 짧은 패스를 빠르게 주고 받는 축구 경기 전술을 말함. 최근에는 사람들 사이에 잘 맞아 빠르게 주고받는 대화를 의미하기도 함.

다. 그래서 음악은 육아의 가장 자연스럽고 효과적인 도구가 될 수 있습니다. 이런 관점으로 볼 때 좋은 육아란 아름다운 음악을 만드는 것과 같습니다. 때로는 강하게, 때로는 부드럽게, 때로는 빠르게, 때로는 천천히 상황에 따라 적절한 리듬과 선율을 찾아가는 것입니다. 실수나 불협화음이 있더라도 전체적인 흐름 속에서 그것조차 의미 있는 음악의 한 부분이 될 수 있습니다. 결국 **음악과 육아는 '흐름'이라는 하나의 물줄기 위에서 만나는 두 개의 지류와 같습니다.** 이 둘을 이해하고 조화롭게 다룰 수 있을 때 아이와 함께 더 풍요롭고 아름다운 인생 음악을 만들어갈 수 있지 않을까요?

폭포수처럼 흐르는 소리

　나이아가라 폭포를 아시나요? 초당 168만 리터의 물이 53미터 높이에서 쏟아져 내리는 장관입니다. 이를 마주한 사람들은 '압도적이다.', '빨려 들어갈 것 같다.', '온몸이 다 젖었다.'고 말합니다. 제가 상상해 보건대 이 폭포 앞에 선 사람들이 느낄 수 있는 감정은 통제 불가능한 압박감이라고 생각합니다. 그 어떤 힘으로도 이 물줄기의 방향을 거스를 수 없음을 본능적으로 느끼는 거죠. 부모의 목소리가 아이에게 전해지는 방식도 같습니다. 부모의 모든 말과 소리는 폭포수처럼 아이에게 쏟아져 내립니다. 그것은 단순한 대화나 의사소통의 차원을 넘어섭니다. 부모가 하는 모든 말, 중얼거리는 혼잣말, 내뱉는 한숨, 미세한 표정, 화가 났을 때의 어조, 기쁠 때의 말투까지 이 모든 것은 끊임없이 아이에게 흘러갑니다. 폭포를 이루는 작은 물방울들은 아주 먼 곳에서부터 오랜 시간 흘러와 이곳에 도착합니다. 그리고 마침내 끝을 알 수 없는 저 아래 그 어딘가로 다시 떨어집니다. 오랜 시간 내 안에 쌓여온 모든 소리도 걷잡을 수 없이 강한 흐름을 타고 지금 이 순간 아이에게 흘러갑니다. 그것은 우리의 부모로부터 들었던 말투이고 우리의 할머니 할아버지로부터 이어져 내려온 어조이며 우리 가문에 흐르는 습관이기도 합니다. 폭포의 물방울들은 오래전부터 같은 방향으로 끊임없이 흘러온 이 물줄기의 흐름을 거스를 수 없고, 마침내 도착한 폭포 앞에서 낙하가 두려워 역주행하는 일은 더더욱 불가능합니다. 우리의 성품, 생각, 버릇, 습관도 내가 의식했든 그렇지 못했든 **끊임없이 아이에게 흘러갑니다.**

　우리 가정의 흐름은 어떠한가요? 어떤 물방울들이 모여 흘러가고 있나요? 자녀를 향해 어떤 폭포수를 흘려보내고 계신가요? 맑고 깨끗한 물이 건강하고 힘차게 흘러가고 있나요? 그렇지 않다면 후회함과 안타까움이 흘러가고 있나요? 너무 걱정하실 필요는 없습니다. 인생이 감사한 것은 언제나 우리에게 회복의 기회가 선물처럼 주어지니까요. 거대한 폭포수의 물방울들을 깨끗하고 맑은 물로 정수한다면 작은 방울들이 모여 흐르는 물줄기는 엄청난 긍정 에너지를 형성하게 될 것입니다. 나이아가라와 같은 거대한 폭포의 첫 시작도 한 방울이

　　　　　　　　　　　　　　　　　　소리로 흐르는 육아

었듯 육아의 첫 시작도 작은 물방울 하나부터 시작하면 됩니다. 이 작은 움직임이 오랜 시간과 공간을 공유하며 변함없이 동일한 줄기를 유지한다면 우리의 가정과 가문도 거대한 폭포수와 같은 흐름이 될 수 있으며 많은 사람들이 찾아와 감탄하고 즐기며 바라보는 아름다운 흐름이 될 수 있습니다. 육아의 흐름은 거대한 폭포수 같습니다. 흘러가는 자연의 섭리와 법칙을 거스를 수 없지만 쏟아지는 물줄기를 더 깨끗하고 맑고 힘차게 흐르게 할 수 있습니다. 거대한 폭포도 어떤 지형에서 어떤 굴곡을 따라, 어떤 물방울들이 흘러오는가에 따라 폭포의 아름다움이 결정되니까요.

♬

최고의 유산, 자율성

제가 처음 취업하던 2000년대 초반 자기소개서 시작의 국룰특정 행위
가 관례적으로 불문율 혹은 유행임을 뜻하는 말, 또는 대세를 의미하는 말은 '성실하신 아버지
와 자상하신 어머니'였습니다. 지금 생각해도 너무 오글거리는 표현
이긴 합니다. 저의 경우는 '성실하신 아버지'는 맞는데 '자상하신 어머
니'는 약간만 맞습니다. 저희 어머니는 자상하시기도 했지만 그보다는
정확하고 논리적이라는 표현이 더 잘 어울리는 분이십니다. 지금 스
타일로 말한다면 MBTI 유형으로 대문자 'T' 같은 분이십니다. 이 장에
서는 제가 부모님께 흘려 받은 것들을 나누려고 합니다. 부모님께 받
은 것을 알아야 저를 통해 아들에게 흘러가는 것도 알 수 있을 테니까
요.

결론부터 말하자면 제가 부모님께 받은 가장 큰 자산이자 축복은 자율성입니다. 엄밀히 말하자면 어쩔 수 없는 내버려둠이었을 수도 있겠으나 저는 아름다운 자율성이라고 표현하고 싶습니다. 저희 어머니는 유아교육을 공부하신 후 오랫동안 교육 현장에서 교사와 원감, 원장으로 일하셨습니다. 결혼 이후엔 저와 오빠의 육아를 위해 교사를 잠시 쉬며 가정에서 피아노 한 대로 개인레슨을 하셨고 이후 피아노 6대를 갖춘 음악학원도 운영하셨습니다. 그리고 제가 초등학교 3학년 때부터 유아교육 기관을 직접 운영하셨는데 당시엔 어린이집의 전신인 새마을 유아원[10]이라는 이름으로 불리던 기관이었습니다. 그때부터 저는 유아교육 기관의 일과부터 연중행사, 발표회, 졸업식 등을 지켜보게 되었고 학교에 가지 않는 날엔 의도치 않게 유아원의 모든 교육과정을 관찰할 수 있었습니다. 그러니 저는 초등시절 내내 7~80명의 유아들이 한꺼번에 떠드는 소리, 다 같이 노래하는 소리, 줄 서는 소리부터 운이 좋은 날엔 멀찍이서 선생님들이 수업하는 모습까지도 참관할 수 있었습니다. 저를 잘 챙겨주셨던 몇몇 선생님들의 얼굴은 지금도 어렴풋이 기억납니다. 제가 지금까지 유아교사, 유아특수교사로 일하며 교실을 가장 편안하고 행복하게 느끼는 것은 결코 우연이

---

10) 1982년부터 1993년까지, 영·유아를 보호하고 교육하던 아동보육시설. 1982년 12월 31일 제정·공포된 「유아교육진흥법」에 근거해 당시 1,374개의 아동보육시설을 통합해 유아와 영아의 보육기능을 담당했으나 양적 팽창에도 불구하고, 취업모들의 탁아 요구를 충족시키지 못해 1993년에 폐지되었고, 다시 어린이집이라는 명칭으로 전환됨.

아닙니다.

　교육자인 어머니와 함께 살며 가장 좋았던 것은 평생 공부하는 어머니의 모습을 볼 수 있었다는 것입니다. 설령 나는 놀지언정, 어머니가 책을 보시거나 서류를 작성하시거나 암기하는 모습들을 자주 봤습니다. 교사들은 학기 중 또는 방학에도 연수를 통해 재교육을 받아야 하는 의무가 있기 때문에 어머니 근처엔 늘 책과 노트가 있었습니다. 아직도 기억나는 건 어머니가 유치원 원감, 원장 연수로 인해 1박 2일, 2박 3일씩 합숙을 하셨고 마지막 자격시험을 위해서 A4 종이에 잔뜩 쓰인 까만 글자를 외우고 또 외시던 모습입니다. 공부하며 사시는 어머니의 모습을 보며 자라서인지 왠지 저도 열심히 공부해야 할 것 같고 성적을 잘 받아야 할 것만 같은 책임감이 느껴졌습니다. 아무도 공부 잘하라고 얘기하지 않았고 아무도 1등 하라고 요구하지 않았는데도 말이지요. '숙제해라.', '공부해라.'는 잔소리를 들어본 기억도 없습니다. 이쯤에서 예상되는 스토리는 그럼에도 불구하고 저는 열심히 노력해서 좋은 성적을 받았다는 것이어야 할 텐데, 안타깝게도 저는 열심히 수고해서 1등을 쟁취하는 노력파가 아니었습니다. 중학교까지는 그저 교과서 내용만으로 겨우겨우 버텼는데 고등학생 때는 공부를 위해 일정 시간 그 이상을 투자하고 애쓰지 않으면 원하는 결과를 얻을 수 없다는 너무나 당연한 현실을 몸으로 뼈저리게 느끼게 되었습니다. 단과 학원도 다녀봤고 과외도 여러 차례 해봤지만 저의 성적은 늘 거기서 거기였습니다. 왜냐하면 저에겐 공부 동기가 전혀 없었기 때문입니다. 어릴 때부터 음악을 하고 싶었고 악기연주나 합주 같은 퍼포먼스 위주의 활동을 좋아했지 가만히 앉아서 외우고, 계산하고, 생각하는 것이 가능한 아이가 아니었습니다. 당시 어머니는 저의 음악 전공을 끝까지 반대하셨는데 이에 대한 설움과 약간의 반항으로 더더욱 공부와 친해지기 어려웠습니다. 그래도 책임감은 있었기에 학교는 잘 다녔고 고등학교 3년 내내 친구들과 정말 즐겁게 놀았습니다. 대학 입학 이후 공부해야겠다고 마음먹은 것도 고등학교 3년 내내 그리고 대학 1학년까지 아주 온 힘을 다해 놀았기에 더 이상 놀 거리가 없어서 책이라도 읽어볼까라는 마음이 생겼기 때문입니다. 지면을 통해 다 표현할 수 없지만 정말 잘 놀았고 끝까지 놀았고 최선을 다해 놀았습니다. 안 해본 놀이가 없어서 공부하게 되었다고 해도 과언이 아닙니다. 그리고 스스로 알고 싶고 궁금하고 보고 싶어서 시작하게 된 진짜 공부 동기로 유아교육, 특수교육, 음악치료를 수학하게 되었습니다. 관심 있는 분야에 대한 지적 호기심을 무시하지 않고 사십 대까지 배우는 자세로 노력한 스스로가 저는 참 좋습니다. 현재의 내가 좋습니다. 솔직히 첫 번째 유아교육과 진학은 어머니의 권유로 시작된 것이었지만 첫 번째 전공을 통해 특수교육, 음악치료까지 관심을 유지하며 저의 지경을 넓힐 수 있었습니다. 그리고 이 모든 과정은 누가 하라고 떠민 일도 아니고 해야 한다고 강요받은 것도 아닌 그저 제가 좋아서, 알고 싶어서 시도한 과정입니다. 내가 원했고 간절했고 궁금했기 때문에 나이와 상관없이 상황과 관계없이 내적 동기가 강하게 일어나 지금까지 끊임없이 배우고 공부할 수 있었습니다.

사십 대까지 내적 동기를 발휘할 수 있었던 저의 가장 큰 원동력은 부모님께 흘려 받은 자율성입니다. 저희 부모님은 어릴 때부터 '이거 해라 저거 해라.' 간섭하며 밀어붙이지 않으셨고 '성적이 이게 뭐냐, 어떻게 할 거냐.' 다그치지도 않으셨습니다. 돌아보건대 당시 부모님은 먹고 사느라 자식 일에 하나하나 신경 쓸 겨를이 없으셨습니다. 30여 년 전 제가 어렸을 때는 모두 그러했습니다. 먹고 사는 것이 가장 중요한 일이었기에 자녀들의 마음, 정서, 일상을 세밀히 살펴줄 여력이 없었습니다. 그렇다고 저희 부모님께서 저와 오빠를 방치하거나 무관심으로 일관하신 것은 결코 아닙니다. 학창 생활 중 당면하는 입학, 진급, 진로와 같은 큰일들은 당연히 관심을 가지고 도와주셨고 없는 형편에도 최대한 지원해 주셨으며 무엇보다 늘 기도해 주셨습니다. 단지 저의 자잘한 행동, 시시각각 변하는 감정표현에 예민하게 반응하시거나 왈가왈부하지 않으셨다는 겁니다. 특히 청소년 시기엔 더더욱 모른 척해주셨습니다.

"학원을 다니고 싶어요."라고 말씀드리면 어떤 학원이 있고 수강료는 얼마고 저에게 적합한 학원이 어느 곳인지를 스스로 알아봐야 했습니다. 그리고 저의 선택을 믿고 그대로 수용해 주셨습니다. "옷이 필요해요." 할 때도 어떤 스타일의 옷을 사고 싶은지, 어떤 브랜드가 있는지 가격은 어느 정도인지 찾아보고 말씀드려야 했습니다. 중3 때였던가, 수학 과외 선생님이 필요했었는데 그때도 제가 알아보고 부모님께 말씀드려야 했습니다. 등하굣길 전봇대 광고를 유심히 보기도 했고 친구들에게 과외 선생님 정보를 물어보기도 했습니다. 며칠씩 벼룩시장(구인광고 신문)에 색연필로 동그라미 쳐 가며 살펴보고 심사숙고 끝에 고려대 다니던 선생님을 찾아 연락을 드렸더니 과외 선생님이 깜짝 놀라셨습니다. 과외 의뢰를 위해 학생이 직접 전화한 적이 처음이라고. 저희 집에선 너무 자연스러운 일이었는데 말이죠. 고2 때, 유명 스포츠 브랜드에서 새로운 디자인의 여름 샌들이 출시됐습니다. 당시 가격이 십만 원이 넘어가는 고가의 신발이었습니다. 너무나 신고 싶었습니다. 비슷한 종류의 샌들이 여럿 있었지만 유독 특정 브랜드 신발이 갖고 싶었습니다. 분명 어머니는 허락하지 않을 분위기였습니다. 고등학생이 신기에 너무 비싸다고 하실 것이 분명했습니다. 어머니를 설득하기 위해 저는 '샌들 사기 프로젝트'를 시작했습니다. 왜 이 샌들이어야 하는지, 최신 디자인의 장점은 무엇인지, 가격은 왜 비쌀 수밖에 없는지, 왜 꼭 이 브랜드여야 하는지, 어머니의 예상 질문에 대한 답까지도 준비했습니다. 허술한 모습을 보였다간 이 모든 프로젝트가 물거품이 될 수 있으니까요. 그리고 토요일 오후 어머니와 직접 샌들 매장을 돌았습니다. 결과는 어떻게 되었을까요? 제가 원하는 브랜드의 신발을 흔쾌히 사주셨습니다. 어머니께서 저의 주장에 설득되신 건지, 설득력은 전혀 없었는데 정성이 갸륵해서인지 지금까지도 모르겠습니다. 그러나 저의 수고와 애씀을 인정하고 수용해 주셨습니다.

충분한 시간과 공간

사춘기 시절, 새벽부터 나가 집에 늦게 들어오고 친구들과 어울리며 걱정스럽게 해 드린 일도 많았는데 끝까지 절 믿어주셨습니다(쓰다 보니 제가 엄청 비행 청소년으로 보일 수 있겠다는 걱정이 드네요. 그렇게까지는 아닙니다. 열심히 놀았던 학생 정도입니다). 가끔 '우리 엄마 아빠는 나에게 관심이 없나?'라고 생각하기도 했었는데 이런 생각을 하기에 부모님의 삶은 매일매일 분주하고 시간이 늘 아쉬운 분들이셨기에 저의 철없는 판단은 어울리지 않았습니다. 내가 무엇을 배울지, 어떻게 생각하고 행동해야 할지, 어떤 삶을 살아야 할지에 대해 스스로 자유롭게 생각하고 결정할 수 있는 시간과 공간을 충분히 허용해 주셨습니다. 덕분에 저는 지금의 제 모습에 만족합니다. 창의적이고 독특한 사고는 이완되고 릴렉스된 휴식 상태에서 활성화되는데 저는 어릴 때부터 여유롭고 자유로운 시간을 통해 저만의 상상과 공상의 시간을 마음껏 누릴 수 있었습니다. AI 시대에 필요한 덕목 중 한 가지를 창의력이라고 한다면 저는 수십 년 전부터 혼자 보내는 시간을 통해 창의적 사고를 갈고 닦은 셈이니 얼마나 큰 행운인지요. 공부뿐 아니라 결혼하는 과정, 진로를 바꾸는 과정, 인간관계를 맺는 과정 등 저의 삶을 주체적으로 살 수 있도록 부모님께서 묵묵히 버팀목과 같은 언덕이 되어주셨습니다. 자식에게 몰입하여 사사건건 에너지 쏟지 않으시고 오히려 당신 자신의 삶을 위해 노력하고 고군분투하셨던 부모님의 모습이 가장 가치 있는 자녀교육이었다고 생각합니다. 그 결과 지금까지 부모님의 경제적 수준이 저보다 훨씬 높아 여유롭게 여생을 보내신다는 것도 자식된 입장에서 감사할 뿐입니다.

　자율적이었던 저의 성장과정을 돌아 볼 때 저에겐 이런 믿음이 있습니다. 우리 아이들도 스스로 경험하고 부딪히는 시행착오를 겪으며 모든 과정을 통해 성인이 되었을 때 본인의 삶을 독립적이고 주체적으로 살아갈 수 있을 것이라고요. 지금 제가 스스로의 모습을 좋아하고 만족해하는 것처럼 아이들도 대학 이름 때문이 아닌, 회사 간판 때문이 아닌, 자신의 존재 자체에 감사하고 주어진 모든 것을 축복으로 여길 것이라는 믿음 말입니다. 제가 부모님을 통해 독자적인 태도를 가지고 자발적인 삶을 살고 있듯이 저도 아이들에게 동일한 삶의 태도를 흘려보내고 싶습니다. 혹, 아들의 진로가 걱정되어 조바심이 난다면 아이의 성취 결과를 들추어 잔소리하기보다 오히려 저의 배움을 위해 공부하고 노력하겠습니다. 아들의 행동과 성품이 올바르지 못할까 염려되고 불안해진다면 저의 온유한 성품을 위해 마음을 조절하고 다스리도록 노력하겠습니다. 지금 당장 아들의 학습 점수가 훌륭하지 못해도 본인 삶을 위해 충분히 고민하고 저울질할 수 있는 시간과 공간을 허용해 주겠습니다. 비록 사람들 눈에 괜찮아 보이지 못한다 할지라도 한번 사는 인생을 위해 마음껏 경험하고 시도해 볼 수 있는 비빌 언덕이 되어주겠습니다. 아들의 능력을 믿고 무조건적 사랑을 흘려보내며 기다려주겠습니다. 언제나 그 자리에 정박해 있는 항구 같은 엄마가 되겠습니다. 나이만 먹은 노인이 아니라 닮고 싶은 '어른'이 되겠습니다. 이것이 제가 부모로부터 **흘려 받은 것**이고 자녀에게 **흘려보내고 싶은 것**입니다.

소리로 흐르는 육아

엄마, 나 틱이야?

　초등학생, 중학생 두 아들은 신기할 만큼 다릅니다. 낮은 목소리
에 짧은 단답형 대화 패턴, 자기 공간을 벗어나지 않으며 구체적 표현
을 잘하지 않는 무덤덤한 츤데레 스타일은 큰아들이고, 돌고래 하이
톤 목소리에 끝날 듯 끝나지 않는 설명과 세세한 감정표현, 본인 방보
다 안방 침대가 더 재미있는 잔재주 스타일은 작은아들입니다. 딱 들
어맞는다고 할 순 없지만 큰아들은 남편과 유사하고 작은아들은 저와
비슷합니다. 아이들이 어렸을 때는 큰 소리 낼 일도 없었고 화낼 일도
없었으며 아이들 문제로 고민하거나 속 썩을 일은 더더욱 없었습니
다. 바라만 보아도 예쁘고 귀하며 숨만 쉬어도 사랑스러웠습니다. 물
론 지금도 그렇습니다. 그러나 열 살 이후 아이들도 본격적인 2차 성

장 발달단계에 들어서고 각자 감당해야 할 삶의 과업들을 마주하고 다양한 사건들을 경험하며 그에 따른 감정을 느끼게 되니 부모로서 예상치 못한 속앓이도 하게 되었습니다.

첫째 아이는 초등 4학년부터 중학교 1학년까지 꼬박 3년 반 동안 틱[11]으로 인해 힘든 시기를 보냈습니다. 누구보다 편안하고 안정된 정서를 가졌다고 믿고 있던 아이가 틱 증상을 보이다니. 이 사실 자체만으로도 의아했고 받아들이기 힘들었고 인정하기 어려웠습니다. 아무리 코로나 기간이라 할지라도 우리 가정에 특별한 변화나 어려움이 없었는데, 부모는 일하고 자녀는 학교 생활하는 평범한 일상이 달라질 게 없는데 웬 틱이란 말인가. 책으로만 보던 틱, 이론으로만 알던 사건, 교실에서만 다루던 현상이 내 아이에게 나타나다니 만감이 교차했습니다. 코를 찡긋거리는 가벼운 증상을 보였을 때는 '왜 이런 일이 벌어졌을까.' 끝없는 의문에 휩싸였습니다. 잠시 증상이 주춤할 때는 제가 교사였기에 아이의 행동을 금세 알아차릴 수 있어서 다행이라는 안도감도 흘렀습니다. 그러나 얼굴 전체로 번진 수많은 근육들의 불수의적 움직임을 막상 보게 되자 그저 내 아이가 안타깝고 불쌍하고 측은

---

11) 특별한 이유 없이 자신도 모르게 얼굴이나 목, 어깨, 몸통 등의 신체 일부분을 아주 빠르게 반복적으로 움직이거나 이상한 소리를 내는 것을 말함. 전자를 운동 틱(근육 틱), 후자를 음성 틱이라고 하는데, 이 두 가지의 틱 증상이 모두 나타나면서 전체 유병기간이 1년을 넘는 것을 뚜렛병(Tourette's Disorder)이라고 함.

소리로 흐르는 육아

하기만 했습니다.

아들의 틱을 인정하고 나서부터는 면밀한 관찰이 시작되었습니다. 증상의 경중과 움직임의 범위, 증상이 유독 나타나는 상황이나 환경들을 살피기 시작했고 이 모든 일은 아이가 눈치채지 않도록 비밀스럽고도 예민하게 진행했습니다. 코로나 시작과 함께 재난 영화급의 감염률로 전 국민이 마스크로 자신의 표정을 감출 수 있다는 것에 오히려 감사하면서 말이죠. 국민 대다수처럼 우리 가족도 예외 없이 코로나로 인한 격리와 해제를 반복하며 그렇게 일 년을 보냈습니다. 코로나 첫해였던 4학년은 수업일수 대부분을 온라인으로 대체했고 5학년이 되고 나서야 부분적 등교가 가능했습니다. 코로나 시기 일 년이라는 시간은 지났지만 아쉽게도 틱은 쉬이 사라지지 않았고 증상은 더 심해져 갔습니다. 운동 틱에 이어 말을 하기 전 '큼, 큼'거리는 음성 틱도 나타났습니다.

일반교육, 특수교육에 대한 지식과 교사 경력 덕분인지, 아들의 어려움 앞에 저는 예상외로 침착하고 조심스러우며 예리한 태도를 갖출 수 있었습니다. 꽉 찬 2년 동안 아들의 불안한 증상을 지켜볼 수밖에 할 수 있는 것이 없었지만 병원 진료는 필요치 않겠다는 담대한 판단이 들었습니다(아이들의 신체적, 심리적 어려움 발견 시 병원 진료는 필요합니다. 저의 개인적 의견과 부모로서 아들에 대한 신뢰감이었음을 밝히며 오해 없길 바랍니다). 병원 진료를 하지 않은 가장 큰 이유는, 아이가 틱 증상 외 일상에서 나타나는 특이점이 없었다는 것입니다. 아니 제 눈에 없어 보였습니다. 코로나 시기였지만 학교생활도 잘했고, 학교에서 있었던 일들에 대해 여전히 재미나게 표현해 주었고, 반장도 당선되었으며 게임 이야기, 친구들 이야기, 선생님 이야기, 교회 이야기 등 평소와 전혀 다를 바가 없었습니다. 밥도 잘 먹었고 태권도 학원도 열심히 갔으며 특정 사건을 겪거나 심하게 다치거나 아픈 일도 없었습니다. 집안에 어려움이 있었던 것도 아픈 사람이 있었던 것도 아니었습니다. 저의 시선에서 큰아이에게 틱이 나타날 만큼 심리적 어려움을 겪을 단서가 없었습니다. 틱 증상을 보이는 아들을 위해 제가 할 수 있었던 것은 많이 안아주고, 먹고 싶은 것을 물어 준비해 주고, 아들의 말에 이전보다 조금 더 많이 귀 기울이며 넓은 부모의 품을 보여주는 것뿐이었습니다. 저의 이러한 대응을 남편과 둘째 아이, 그리고 가까이에 사시는 외할머니 외할아버지, 또 아이가 속한 공동체(학교, 교회, 학원) 교사들과 공유하고 동일한 도움을 구하는 것이 전부였습니다. 아들은 틱 증상이 엄청난 비밀이라도 된 듯 저 안에 꽁꽁 싸매고 꾹꾹 눌러 담았습니다. 자신의 증상이 궁금할 법하고 아무리 부모가 환경을 조절한다 해도 주변 친구들이 단 한 번도 지적하지 않았을 리 없었을 텐데 한 마디 질문도 불평도 없었습니다.

　틱 증상 3년째, 6학년이 되었습니다. 증상은 가히 꽃을 피웠고 이

소리로 흐르는 육아

와중에 아이는 어김없이 또 반장이 되었습니다. 4월 말이었나 담임 선생님께 전화가 왔습니다. 선생님은 1학기 정기 상담을 겸하며 반장 엄마인 저에게 학급 임원을 맡아달라는 부탁을 하셨습니다. 그리고 덧붙이시기를

"어머님, 혹시 ○○이가 틱이 있다는 걸 알고 계시나요? 생각보다 증상이 심한 것 같아 조심스럽게 말씀드립니다."

"네, 선생님, 너무 감사합니다. 쉽지 않은 이야기인데 이렇게 말씀해 주셔서 감사합니다. 틱은 3년째 이어지고 있고 올해가 가장 심한 증상을 보이고 있네요. ○○의 틱에 대해 잘 알고 있습니다."

저는 선생님께 먼저 감사를 전했습니다. 담임교사로서 가장 어려운 일 중 하나가 학생의 중한 어려움을 부모에게 솔직히 보고하는 일임을 알기에 선생님의 용기가 고마웠고 반가웠습니다.

"아, 그러시군요. 다행입니다."

"선생님, 그런데 우리 ○○이가 학교생활 중에서 언제 틱 증상이 가장 심한가요?"

"○○이는 즐겁게 학교생활 잘하고 반장 역할도 톡톡히 해내고 있습니다. 저도 처음엔 틱이 있는지 잘 몰랐습니다. 그런데 학급 회의와 같은 일로 인해 ○○이가 앞에 나와 아이들을 리드하고 통솔해야 하는 상황이 닥치면 자리에서 일어나 걸어 나오면서부터 얼굴에 증상이 심하게 나타납니다. 여러 사람 앞에 서야 하는 게 부담스러웠던 건지

이전에도 반장은 여러 번 했다고 들었는데요."

'그랬구나. 그런 상황에서 증상이 심했구나.' 선생님과 짧은 통화였지만 부모로서 도저히 알 수 없는 내 아이의 학교생활과 그 어려움에 대해 조금이나마 엿볼 수 있는 소중한 시간이었습니다. 담임교사와의 소통은 언제나 사막의 오아시스 같습니다. 선생님이 아들의 틱 증상을 알고 계시다 하니 지원자가 한 명 더 생긴 것 같아 오히려 제 마음은 편안해졌습니다. 전화 상담이 있던 그 무렵 드디어, 드디어 아들이 저에게 물었습니다.

"엄마, 나 틱이야?"

"왜? 누가 그래?"

"애들이 나 틱이래."

틱이 발현된 후 3년째 아들의 입 밖으로 나온 첫 질문이었습니다. 이후로도 안아주는 일, 맛있는 음식을 함께 먹으며 깔깔거리는 일, 태권도 도복을 열심히 빨아주는 일, 주말 지나 월요일 아침이면 피곤한 아이의 머리를 쓸어주는 일 외 특별한 치료나 조치는 하지 않았습니다. 6학년 가을과 겨울을 지나며 심했던 운동 틱, 음성 틱 증상은 눈에 띄게 감소했고 드문드문 보이기를 반복하다 드디어 중학교 1학년 여름을 앞두고 3년 반 만에 완전히 사라졌습니다. 밖으로 티 내지 않았지만 아이 스스로도 고민과 걱정이 많았을 텐데 길고 길었던 터널을

소리로 흐르는 육아

잘 빠져나와 준 것이 감사했습니다. 저 역시 겉으로 내색하지 않았을 뿐 의문과 염려, 걱정의 보자기가 시원하게 벗겨지듯 후련했습니다. 이제 아들의 마음을 알기 위한 저의 끝없는 심리적 추적이 시작되었습니다. 왜 갑자기 틱 증상이 발현되었을까? 틱은 불안 증상 중 하나인데 무엇이 그토록 불안했을까? 아무렇지 않게 잘 살다가 왜 열한 살 무렵 그 행동이 튀어나왔을까?

삼대에 걸쳐 흐르는 불안

스스로 짐작한 내용은 이렇습니다. 남편의 성향을 닮아 온유하고 조용하며 덤덤한 성격의 첫째 아이는 학년이 올라갈수록 어떠한 일에 대해 일희일비하지 않고 자신의 세밀한 감정을 잘 드러내지 않았습니다. 이런 면이 양육자인 저에겐 편하고 아들에 대해 안심하게 만드는 요인이었죠. 하지만 돌이켜볼 때 이런 행동 특성이 아이의 마음을 민감히 관찰하고 세밀한 관심으로 이어지지 못하게 만든 방해 요인이 될 수도 있다는 것을 깨달았습니다. 열한 살, 4학년은 코로나 시작과 함께 등교가 전면 중지되며 모든 학습이 온라인으로 대체되던 때였습니다. 때마침 1학년 갓 입학한 동생은 신입생이라는 이유로 심각한 코로나 상황에서도 등교가 가능했습니다. 저와 남편, 동생은 아침에 나가 일과를 마치고 귀가했고 첫째 아이 혼자 5~6교시를 온라인 수업으로 감당하며 점심은 근처 외할머니댁에서 해결하는 생활을 6개월 이상 지속했던 겁니다. 하루 종일 혼자 텅 빈 집에서 소통이라곤 손바닥만 한 작은 화면이 전부였을 텐데 이런 생활이 답답했던 것인지 자신의 감정을 구체적으로 표현하지 않는 성향이 아이 마음을 더 불안하게 했던 것인지. 어디까지나 저만의 짐작과 생각뿐이었습니다.

'아니, 부모가 없어? 집이 없어? 밥을 굶어? 학교를 못 가는 건 전 세계적인 천재지변으로 인한 일인데 뭘 어쩌라고.'라는 생각이 나도 모르게 불쑥 튀어나오며 '참나~'라는 퉁명스러운 반응도 뒤따랐습니다. 그리고 불과 몇 초 뒤 등 밑에서부터 저릿한 느낌이 천천히 올라오며 이내 얼굴 전체가 화끈거리는 기분이 들었습니다. 이마 앞으로 순식간에 스쳐 지나간 한 장면은 늦가을 어느 토요일, 검은색 피아노 여섯 대가 놓인 텅 빈 음악학원(어머니께서 가정 레슨 이후 피아노 학원을 운영하셨음)에 딸린 작은 방 안에서 어두워질 때까지 홀로 부모님과 오빠를 기다리던 어린아이의 뒷모습이었습니다. 거센 바람 소리에 덜컹이는 창문 소리가 무서워 14인치 텔레비전 앞에 몸을 잔뜩 웅크린 채 꼼작 않고 붙어있던 저의 모습이었습니다. 평소 하루 종일 1번, 2번, 3번… 여섯 번째 피아노까지 돌아가며 딩동딩동 리듬 맞춰 치고 놀았던 공간은 순식간에 어둠과 함께 여섯 대의 검은색 업라이트 피아노가 마치 키가 큰 검은 그림자로 변신하여 저를 덮치는 듯했습니다. 반쯤 열린 창문 틈 사이로 거센 바람이 들고 날며 일으킨 소

소리로 흐르는 육아

리는 가뜩이나 겁먹은 저에게 작정하고 공포 분위기를 조성하는 듯했고요. 일곱 살 아이가 홀로 마주한 어둠과 추위를 긴 시간 동안 함께 버텨 주었던 건 작은 컬러텔레비전 안에서 펼쳐진 토요일 음악 쇼뿐이었습니다. 시계가 밤 9시를 향해 가던 무렵 덜커덩 소리와 함께 드디어 엄마와 아빠, 오빠가 귀가했습니다.

"무서웠어?" 엄마의 한마디는 마치 얼음땡 놀이에서 우리 편이 다가와 '땡'하고 마술을 풀어 나를 살게 하는 산소 같았습니다. 스쳐 지나가듯 단 몇 초의 짧은 순간이었지만 그 당시 우리 집의 구조, 피아노 색깔, 바람 소리, 텔레비전 위치, 텔레비전의 쇼 음악 소리, 두려웠지만 참아보려고 웅크렸던 다리에서 느껴졌던 저릿함, 다리 저림보다 더 무서웠던 공포감까지 마치 어제처럼 생생하게 느껴졌습니다.

'그래, 나도 그랬었지. 그때 무서웠었지, 불안하고 두려웠었지. 가족들이 안 오면 어쩌나 조마조마했었지.' 그날 이후로도 생업을 위한 부모님의 늦은 귀가는 여러 번 반복되었고 지금 기억으론 열두 살이나 돼서야 어둠과 홀로 있음에 대한 공포가 덜했던 것 같습니다. 인생에서 겪는 한두 번의 사건이 한 사람의 일생 모든 감정과 정서를 절대적으로 지배하는 건 아닙니다. 그러나 살면서 경험한 강렬한 어떤 한 장면은 몸과 마음에 각인되어 그 사람의 가치관이나 상황을 해석하는 관점을 좌지우지하도록 이끄는 단단한 단서가 되기도 합니다.

저는 매사 일을 처리할 때 일의 목표와 의도를 파악하여 몇 주 전부터 계획, 준비하고 연습에 연습을 거쳐 최대한 실수가 없도록 진행한 뒤 무엇이 부족했고 잘못되었는지를 스스로 신랄하게 평가하는 성향이었습니다. 그런 제가 불안이 높은 사람이라는 것을 알게 된 것은 마흔이 다 되어서입니다. 밝고 명랑하고 사교성과 책임감이 높다는 평가를 자주 들었지만 치밀한 계획과 실행 이면엔 알아차리지 못한 높은 불안이 자리 잡고 있었습니다. 일을 하려면 제대로 똑바로 정확하게 하고 그렇게 못 할 바엔 아예 시도조차 하지 않는 것이 합리적이라고 생각했습니다. 일의 의미보다 효율을 먼저 따졌습니다. 이것이 똑똑한 것인 줄 알았습니다. 그럼에도 평가받기를 무엇보다 두려워했습니다. '내가 이렇게 애쓰고 노력하고 준비했는데 누가 나를 판단한단 말인가.'라는 혼자만의 합리에 갇힌 채 외부로부터 오는 시선들을 외면하고 있었습니다.

틱 증상이 나타날 만큼 거대해진 아들의 불안 근원지는 어디였을까요. 어디서부터 흘러 내려온 부정적 감정이었을까요. 학급 반장으로 친구들 앞에 설 때마다 틱 증상이 심해진 아들의 불안 정체는 무엇이었을까요? 중요한 일정이 생기면 날이 다가올수록 밥이 잘 넘어가지 않고 명절이 다가오면 몇 주 전부터 계획하고 걱정하며 가족들의 반응에 민감한 어머니. 아직도 뚜렷한 원인을 찾을 수 없는, 스트레스에 취약한 아토피 피부염으로 30년 동안 고생하고 있는 저. 여러 사람 앞에 설 때 자신의 의사와 관계없이 움직이는 근육으로 3년 동안 고생한 아들. 어쩌면 저는 제 안의 불안을 알아차리기 위해 소중한 아들의 터널 같은 시간을 값으로 지불했는지도 모르겠습니다.

부모들에게 육아가 두려운 이유는 아이를 통해 내 모습을 직면하기 때문 아닐까요. 나의 감춰진 모습을 마주하는 것이 두렵고 버거워 육아라는 실체 없는 존재 앞에 그렇게 무기력했던 건 아닐까요. 육아란 아이뿐 아니라 부모인 내가 성장하고 좀 더 나은 어른이 되는 과정 같습니다.

> 사랑하면 알게 되고 알게 되면 보이나니
>
> 그때에 보이는 것은 전과 같지 않으리라.
>
> **유홍준, 「나의 문화유산 답사기 1」 중에서**

어라, 많이 늘었네!

동료 음악치료사 선생님과 이야기 나누던 중 있었던 일화입니다.

"선생님은 마흔 넘어 음악치료 공부하시느라 여러 가지로 애로 사항이 많으셨겠어요."

"그러게 말이에요. 지금 생각해도 놀라워요."

"선생님 아이들은 공부 엄청 잘하겠어요."

"네? 왜요?"

"아이들이 엄마 공부하는 모습을 자주 봤을 테니까요."

"네, 보긴 자주 봤죠(하하)."

유아교육, 특수교육 전공 이후 십여 년 동안 유치원 교사로 줄곧 일

소리로 흐르는 육아

했습니다. 대학부설, 초등부속 사립유치원, 일반 사립유치원, 15년 전임에도 한 달 교육비가 백만 원이 훌쩍 넘는 0.1% 사립유치원까지 각기 다른 환경에서 근무했습니다. 공립 유치원 기간제 교사도 병설, 단설, 대형단설까지 골고루 했으니 우리나라 유치원 교육기관의 모든 종류를 거쳐 왔다고 해도 과언이 아닙니다. 다양한 곳에서 다양한 아이들, 부모들, 그리고 리더십을 경험하며 배우고 감동한 적도 있었지만 한숨과 탄식이 쉬지 않았던 날들도 여럿 있었습니다. 2급 정교사로 시작해 1급 정교사, 원감 자격을 취득하기까지 많은 일들을 겪었습니다. 원감 근무 시에는 교사였다면 몰라도 될 일들을 알게 되었고, 보지 않아도 될 서류도 보게 되었으며, 듣지 않아도 될 말들을 듣다 보니 회의감과 실망도 커졌습니다. 그로 인해 평생의 사명이라 여겼던 교직에 대해 다시 생각해 보게 되었습니다.

그때 저의 숨 쉴 구멍이 되어주었던 것이 바로 음악치료였습니다. 어릴 때부터 줄곧 음악을 즐겼고 좋아했고 늘 가까이했으니 음악에 대한 거부감이나 두려움은 없었습니다. 모든 아이들이 즐겁게 지낼 수 있는 교실을 만들기 위해 새로운 음악 교수법, 음악 교육 활동이 나오면 제일 먼저 연수 듣고 공부하며 내 것으로 만들기 위해 부단히 노력했습니다. 교사를 잠시 멈춘다면 내가 가진 자원과 역량을 활용하여 할 수 있는 일은 무엇일까 고민 끝에 '교육+특수교육+음악=음악치료'라는 결과를 도출해 냈습니다. 그리고 한 달여 동안 검색에 검색을 반복하여 대학원 석사 과정을 시작하게 되었습니다. 내가 할 수 있는 일, 좋아하는 일을 찾았고 교육과는 또 다른 치료라는 분야를 알게 된다는 생각에 설레기도 했습니다. 교육과 치료가 적절히 융합된다면 저에게 가장 강력한 교수적 무기가 될 수 있겠다는 기대감도 충만했습니다.

2.5년의 석사 학위 기간은 생각보다 쉽지 않았습니다. 음악치료 대학원생의 80% 이상이 음악 전공자라 그들과 어깨를 나란히 해야 한다는 걱정도 아니었고, 마흔이 넘은 나이에 새로운 학문을 시작해야 한다는 부담도 아니었으며, 학업 · 육아 · 살림 · 일을 병행해야 한다는 막대한 에너지 소모 때문도 아니었습니다. 음악이 왜 치료적으로 작용하는지 납득되지 않는 것이 가장 큰 고민이었습니다. 음악치료사로 일하면서도 음악이 어떻게 작동되어 사람의 감정과 마음, 몸을 움직이게 하는지 계속해서 고민하며 공부하고 있습니다.

마흔 넘어 석사학위 과정을 치르며 얻은 큰 수확 중 하나는 바로 두 아들에게 공부하는 엄마, 성장하는 엄마의 모습을 보여준 것입니다. 음악치료학과는 매 학기 실기가 병행됩니다. 음악이 곧 도구이기 때문에 음악치료사에게 음악적 스킬, 음악을 자유롭게 운용할 수 있는 유연성, 반주 능력은 필수입니다. 실기는 피아노, 기타 연주였고 동시에 가창까지 할 수 있는 수준 이어야 했습니다. 내담자의 음악 행동을 뒷받침하는 반주를 제공하고 함께 노래하며 내담자의 음악 표현을 적극적으로 지원할 수 있는 수준의 실력이 되어야 하는 것입니다. 피아노는 문제가 없었지만 기타는 저에게 큰 산이었습니다. 기타 연주는 초등학생 때 호기심에 몇 번 튕겨본 것이 전부였고 성장과정에서 한 번도 욕심내거나 흥미를 가져 본 악기가 아니었습니다. 이럴 줄 알았다면 청년 시절 교회 밴드에서 함께 활동했던 기타리스트 친구에게 기본기라도 배워둘 걸 그랬습니다. 가뜩이나 손도 작은데 손가락을 벌려 코드를 짚어 명료한 소리를 내기란 여간 어려운 일이 아니었습니다. 학기가 시작되면 연습곡 10곡이 지정되는데 실기시험 날 무작위로 선택되는 곡을 교수님과 두 명의 슈퍼바이저 앞에서 시연해야 했습니다. 기타 치고 피아노 치며 노래하는 싱어송라이터와 같은 무대를 준비해야 하는 것이죠. 엄청난 부담감입니다. 운동이나 악기연주처럼 몸을 써야 하는 일은 하루아침에 가능한 일이 아니지 않겠습니까. 구구단 외듯 벼락치기도 불가능합니다. 어떤 일에 대해 미리 걱정하고 생기지도 않을 일을 염려하는 불안이 높은 저는 연습곡이 나오는 날부터 시작하여 실기시험 당일까지 집안 곳곳에서 연습에 연습을 반복했습니다. 연습량과 실력이 반드시 정비례하지 않는다는 것을 누구보다 잘 알기에 저의 연습 시간엔 급한 마음과 한숨, 걱정까지 함께 연주되곤 했습니다. 제가 하도 집에서 기타를 튕겨대니 두 아들 녀석들이 저의 연습곡을 모두 외워버렸고 어디서 틀렸는지 지적할 수 있는 수준까지 도달했습니다. 감사하게도 두 아들의 귀도 막귀는 아닌지라 제법 음악을 들을 줄 압니다.

"엄마, 거기 그거 아닌데 왜 계속 틀려?"
"엄마, 언제까지 할 거야, 시끄러워."
"엄마, 집에서 연습 안 하면 안 돼?"

아니 집에서 연습 안 하면 어디서 한단 말입니까? 이 녀석들이 아주 안 그래도 조급한 마음에 기름을 들이부었습니다. 퇴근하고 집에 돌아오는 시간이 아이들도 하교 후 돌아오는 시간과 비슷하기에 저의 연습시간엔 늘 아들들이 청자이자 감시자이자 평가단 역할까지 하게 됐습니다. 녀석들이 기분 좋을 땐 가끔 칭찬과 격려도 해 주었고요. 이런 연습시절이 자그마치 2년이나 이어졌습니다. 4학기 마지막 실기시험 땐 코로나가 한참 기승을 부려 모든 수업이 온라인으로 대체되었고 실기시험마저도 온라인으로 진행될 수밖에 없다는 최악의 상황이 공지됐습니다. 실기시험을 실시간 온라인으로 한다는 게 득이냐, 실이냐를 고민할 새도 없이 매일매일 노래하고 연주하는 베짱이 코스프레는 계속되었습니다. 실기시험 일주일 전 둘째 아이가 불쑥 대화를 신청했습니다.

"엄마, 기타 많이 늘었네."
"진짜? 괜찮아? 이 정도면 될까?"

소리로 흐르는 육아

"모르지, 지금이 아니라 시험 볼 때 잘해야지."

"그건 그렇지."

"그래도 처음보단 훨씬 나. 중간 거기, 거기 틀리지 말고."

보여주고 싶었던 것

실시간 온라인 실기시험은 저녁 여덟 시가 다 되어서 제 차례가 돌아왔고 모든 식구들을 각기 방에 감금시킨 후 나 홀로 거실에서 기타와 건반을 펼쳐놓은 채 시작되었습니다. 혼자 들어도 언제나 떨리고 긴장되는 교수님 목소리가 거실에 울려 퍼지며 이 상황을 남편과 아이들, 모두가 공유하고 있다고 생각하니 마지막 실기 시험은 음악치료 학생뿐 아니라 엄마, 아내의 체면까지 걸린 엄청나게 부담스러운 무대가 되었습니다. 다행히 실기 곡은 예상했던 곡이 선택되었고 떨리긴 매한가지였지만 그래도 '에라 모르겠다.' 심정으로 혼자 콘서트를 진행했습니다.

"네~ 장보원 선생님, 됐습니다. 됐고요. 연습 많이 하셨나 봅니다. 연습한 흔적이 보이네요. 잘하셨습니다. 앞으로도 계속 이대로 하시면 될 것 같아요, 수고하셨습니다."

어색한 미소와 함께 노트북 화면을 중지시키며 마지막 온라인 실기 시험을 무사히 마쳤습니다. 온라인 화면이 꺼지기가 무섭게 각자 방에서 "올~ 연습 많이 하셨나 보네요."라고 놀리며 아들들이 걸어 나왔습니다. 이걸 웃어야 할지, 말아야 할지. 대략 노래 여덟 마디 듣고 끝나는 실기 시험이었지만 마지막 시험은 온 가족이 다 함께 치러냈다는 묘한 기분까지 들었습니다.

"벌써 끝났어?" 남편의 말에 "어, 원래 금방 끝나."라고 건조하게 대답했지만 기타 연주라는 새로운 일에 도전하고 연습하여 무사히 시험을 감당해 낸 스스로가 대견했습니다. 교수님의 긍정적 평가를 혼자가 아닌 가족 모두가 실시간으로 함께 들었다는 사실도 이 나이에 조금 유치하지만 가족들 앞에서 저의 어깨를 솟구치게 했습니다. '봤지? 네 엄마 이 정도다.'라고 외치고 싶은 심정이었습니다.

바람이 있다면 새로운 과제를 맞이하고 계획하고 연습하여 테스트를 치러낸 저의 이 모든 과정을 두 아들이 기억했으면 좋겠습니다. 연습 과정에서 신경질도 부렸고 화도 냈고 짜증의 연속이었지만 시간이 지날수록 기타 운지가 자연스러워지고 소리가 깔끔해지며 코드 체인지까지 능숙해져 연주라는 것이 가능해진 저의 이 모든 시간들을 아이들도 잊지 않았으면 좋겠습니다. 살다 보면 아이들 앞에 예상치 못한 숱한 상황들이 펼쳐지겠죠. '왜, 안 되지? 나만 안 되나? 열심히 했는데 왜 고작 이것뿐이야?'라는 탄식보다 엄마의 실기시험처럼 또 하고 또 하면 발전한다는, 어쩌면 너무 뻔한 스토리라도 잊지 않았으면 좋겠습니다. 자정이 다 된 시각, 첫째 아이가 본인 방 불을 끄며 거실

소리로 흐르는 육아

에 쭈그려 앉은 저에게 한마디 건넸습니다.

"엄마 왜 안 자?"

"응. 엄마 이거 공부하고 자야 돼. 내일 발표야."

"응. 그럼 나는 먼저 잘게."

"얼른 자~ 이건 엄마 공부야, 네가 왜 기다려."

츤데레 성향의 첫째 아이는 흰머리가 한 무더기 피어난 엄마가 자정에 컴퓨터를 켜고 무언가를 시작하는 모습이 측은해 보였는지 여러 번 언제 자냐고 물었습니다. 학업을 병행하던 시절은 잠자는 시간이 언제든지 상관없이 아침이 되면 어김없이 출근하고 학교수업이 없는 날은 돌아와 저녁을 하고 세탁기를 돌리고 빨래를 널고 걷고, 청소기를 돌리는 모든 일상이 똑같이 진행됐습니다. 화창한 주말, 엄마 아빠 옆에 끼고 여기저기 놀러 나가고 싶었을 텐데 저에게 다음 주 중요한 시험이 있고 발표가 있는 날이라면 아이들은 기꺼이 시간을 양보해 주었습니다. 봐도 모르겠고 아무리 읽어도 외워지지 않는 이론들을 보며 한숨짓고 스스로 화내기도 여러 번 했습니다. 이 모든 과정을 저뿐만 아니라 아이들이 함께 보았고 공유했습니다. 그리고 입학 당시 목표였던 '제때 졸업'이라는 과업을 온전히 이루어 대망의 졸업식 날 가족 모두가 함께 기뻐하고 축하해 주었습니다.

"공부해, 연습해, 숙제해, 노력해." 랩 같은 잔소리보다 제가 노력하는 모습, 공부하는 모습, 애쓰며 살아가는 **삶의 모습을 그대로 보여주고 싶었습니다.** 엄마로서만이 아니라 장보원이라는 한 사람으로 교사, 치료사라는 정체성으로 성장하고 발전하는 모습을 자연스럽게 흘려보내고 싶었습니다. 저의 어머니가 저에게 보여주시고 흘려보내 주신 것처럼 말입니다.

사교육 안 한 티가 납니다, 어머니!

둘째 아들의 이야기입니다. 남들은 두 아들을 보며 생김새가 많이 닮았다고 합니다. 큰아이를 보면 "너 ○○ 형이니?"라고 묻고 작은아이를 보면 "너 ○○이 동생이야?"라고 묻기도 합니다. 그런데 제 눈엔 어쩜 이렇게 다른지요.

'육아란 흐르는 것이다.'라는 문장을 생각하고 말뚝 박듯 확신을 갖도록 이끈 장본인이 바로 둘째 아들입니다. 큰아이의 모습을 통해서도 저의 여러 가지 모습을 발견했지만 둘째는 제가 어렸을 때 하던 짓, 하던 생각, 하던 표현, 말투까지도 저와 정말 비슷합니다. 그 모습에 멈칫 놀라기도 하고 피식 웃기도 하는데 가장 많이 들었던 생각은 '아, 우리 엄마도 이런 기분이었겠구나.'였습니다. (긍정적이든, 부정적이든) 둘째 아이를 보고 있노라면 타임머신을 타고 수십 년 전으로 날아가 대림동과 화곡동에서 보냈던 저의 유년기를 생생하게 다시 보는 것 같습니다. 둘째 아들 4학년 2학기 담임 선생님과의 정기 상담에서 나눈 대화입니다. 제가 선생님께 상담을 요청한 주된 요인은 수학 때문이었습니다. 여러 가지로 중요한 나이라고 하는 초등 4학년을 건강히, 무사히 보내긴 했는데 갑자기 난이도가 높아진 수학 교과를 잘 따라갔을까 걱정됐습니다. 초등학생 때 예체능 외에는 학습에 대한 사교육을 전혀 하지 않는 저희 부부의 교육관이 둘째에게도 잘 먹혔을지 살짝 염려스럽기도 했고요. 당시 아이 학급에서 저희 아이 포함 단 두 명만 휴대폰이 없다고 들었고 교과 학원을 안 다니는 아이는 아마도 저희 아들이 유일하지 않았을까 합니다.

"어머니, 학교생활에 대해 궁금하신 점이 있으신가요?"

"네, 선생님 4학년 내내 ○○가 즐겁게 학교생활 잘했습니다. 방학 때도 학교 가겠다고 하던 녀석이에요. 궁금한 건 수학인데요, ○○는 사교육을 전혀 하지 않거든요, 4학년 2학기 되면서 수학이 어려웠을 텐데 수업시간에 이해하고 과정을 잘 따라갔나요?"

"아, 그러셨군요. 어머니~ 제가 알기로도 저희 반에 수학 학원을 안 다니는 아이는 ○○가 유일한 것 같아요. 꼭 학원을 다녀야 한다고 말씀드리는 건 아니고요."

소리로 흐르는 육아

"네, 그렇군요(역시, 우리 아들만 학원을 다니지 않았어)."

"그런데 어머니, ○○는 티가 납니다. 티가 나요."라고 말씀하시며 선생님은 혼자 크게 웃으셨습니다. "네? 티가 나요? 어떤 티가 난다는 말씀일까요?"

"모르면 모른다, 알면 안다는 것이 얼굴에 티가 납니다. 그래서 제가 수학시간에 ○○ 표정을 유심히 살피는 버릇이 생겼어요. 학급의 아이들은 모두 학원이나 과외를 통해 교과서의 내용을 한두 번씩 들어본 학생들입니다. 그래서인지 오히려 대다수가 실제 수업시간에 집중하지 않아요. 그러나 실제 평가를 해보면 반 아이들 중에서 해당 내용을 제대로 알고 있는 아이는 몇 안 됩니다. 그러니 ○○는 교실에서 저를 통해, 본 교과 내용을 처음 접하는 유일한 학생입니다. 어찌나 동그란 눈으로 절 뚫어지게 쳐다보던지 제가 설명을 마치고 여러분 이해했나요? 라고 말한 뒤 ○○ 표정을 봅니다. ○○가 미묘하게 갸웃거릴 때도 있고 환하게 웃을 때도 있습니다. ○○ 표정을 보고 제가 부연 설명을 할지 다음 내용을 넘어가도 될지를 판가름하거든요. 그날의 학습 내용을 처음 듣는 ○○가 편안한 표정으로 환하게 웃으면 반 아이들 모두가 이해했다고 판단해도 됩니다."

웃으며 마무리한 상담 전화를 끊고 아이가 학교 수업시간에 성실히 참여하며 그날의 내용을 놓치지 않으려고 애썼구나라는 생각에 고맙고 감사했습니다. 그러나 상담을 마쳤음에도 귓가에 "○○는 얼굴에 티가 납니다. 티가 나요."라는 선생님의 목소리가 계속 맴돌았습니다. 마치 저에게 하시는 말처럼 메아리치듯 여러 번 들렸습니다. 한 손에 아직 휴대폰을 쥔 채 제 시선은 베란다 넘어 허공을 향하는데 "장보원 선생님, 자기는 얼굴에 너무 티가 나."라는 목소리가 들렸습니다.

인정욕구, 그 씁쓸함에 대해

20여 년 전 대학 졸업 후 초임 교사 때 만났던 원장 선생님의 목소리였습니다. 저는 첫 직장을 평생 잊지 못합니다. 그때 만난 원장 선생님, 원감 선생님, 동료 선생님들을 통해 사랑이 무엇인지, 교육이 무엇인지, 리더십이 무엇인지, 그리고 교사란 무엇인지를 온몸으로 배웠습니다. 아무것도 갖춰지지 않았던 건물에서 시작했지만 교육의 진리를 고수하며 교직원 모두가 고생하고 노력하여 일군 값진 교육적 열매도 경험했습니다. 대학을 갓 졸업한 제가 뭘 알았겠습니까. 실습생 같은 저를 위해 원감 선생님께서 수업 이후 매일매일 아낌없이 자신의 경험담과 교사로서 지녀야 할 마음과 태도에 대해 알려주셨습니다. 원장 선생님께서는 교사회의 때마다 교육자로 마땅히 행해야 할 바른길에 대해 소신 있게 말씀해 주셨고 선배 선생님들은 교사로서뿐 아니라 인생에 대해, 가정에 대해, 삶에 대해 나눠주시며 공동체임을 느끼게 해주셨습니다. 그때의 그 멤버는 어벤저스조차 뚫을 수 없는 그야말로 막강한 팀이었습니다. 첫 직장에서 배운 가르침 덕분에 제가 지금껏 속한 모든 교육 현장에서 버틸 수 있다고 해도 과언이 아닙니다.

병아리 교사 시절 실수하지 않으려고 흠 잡히지 않으려고 초짜인 것 티 내지 않으려고 매우 노력했습니다. 매일 수업준비부터 교실환경, 수업안 작성, 참여수업 준비, 학부모 상담까지 벅찼지만 어느 것 하나 놓치고 싶지 않았습니다. 칭찬도 받았습니다. 박수도 받았습니다. 상도 탔습니다. 한없이 부족했을지라도 '잘한다, 잘한다.' 해주셨고 격려와 조언에 사랑까지 더해 저를 아껴주셨습니다. 그래서 그때 받은 사랑을 저도 가는 곳마다 만나는 후배 선생님들께 흘려보내고자 노력하고 있습니다. 교사 2년 차 여름 방학을 맞이할 때였던 것 같습니다. 방학에 앞서 유치원 전체를 둘러보시던 원장 선생님을 교실 앞에서 뵀습니다.

"선생님. 정리 다 됐어요? 한 학기 동안 고생했네. 수고 많았어요." 라고 하시며 돌아서시다가 "아! 장보원 선생님, 선생님 참 잘해요. 음악도 잘하고, 체육도 잘하고 교실 환경도 감각 있게 잘하고."라고 하시며 제 어깨를 가볍게 두드려주셨습니다. 기관장에게 받는 칭찬은 늘 가슴 떨리기에 숨길 수 없는 기쁨이 저의 입꼬리를 올렸습니다.

"그런데 선생님은 얼굴에 티가 나더라. 기분 좋은 것, 안 좋은 것 너무 티가 나. 티 나는 것이 꼭 솔직한 것만은 아닐 거예요."라며 계단을 내려가셨습니다. "아, 네." 얼떨결에 대답하고 황급히 제 교실로 들어

왔습니다. 알 수 없는 눈물이 쏟아졌습니다. 조금씩 흐르던 눈물은 어느새 눈동자를 붉게 물들일 만큼 거세졌습니다. 원장 선생님께서 저를 아끼는 마음에 하신 말씀이라는 것을 알기에 눈물이 났습니다. 수업 잘하고 학급 관리 잘하면 됐지 상관없는 개인적인 면을 굳이 왜 지적하실까. 화도 나고 억울함에 눈물이 났습니다. 그리고 나조차도 인식하지 못했던 내 모습에서 느껴진 어색한 감정으로 인해 눈물이 났습니다. 원장 선생님의 말씀에 그냥 '그렇구나.'하고 넘어가도 될법한 일이었는데 저는 구태여 이유를 찾고 원인을 파헤치며 또 생각하고 또 생각했습니다.

어느 자리에서나 저는 자기소개 할 때 솔직한 편이라고 씩씩하게 말합니다. 그런데 숨기지 않고 진솔하게 표현한 것들이 사회생활에서 꼭 장점으로 작용하지 않는다는 것을 알게 됐습니다. 또한 내가 평가에 민감하고, 지적받는 것을 두려워하며 매우 인정받고 싶어 한다는 것도 알게 되었습니다. 스무 살 초반 두려운 마음으로 시작한 첫 사회생활에서 감춰진 깊은 욕구가 드러난 저의 이 경험이, 이십여 년 이후 내 아이에게 유사하게 재연되고 있다니. 소름 돋을 만큼 놀라웠습니다. 생각해 보니 둘째 아이도 인정욕구가 높아 가까운 사람들에게도 지적받거나 평가받는 것에 민감한 편입니다. 본인의 성취에 대해 제가 조금이라도 첨언을 하려 하면 먼저 방어기제를 내세워 피해버리거나 오히려 선수 치듯 소리쳐 버리는 경우가 자주 있었으니까요. 저는 아들들의 행동거지 중 옷에 음식물을 묻히고 다니는 것에 유독 예민하게 반응합니다. 바지가 찢어져도 상관없고 물건을 잃어버려도 괜찮은데 옷에, 그것도 가슴팍에 김치 국물이나 양념 자국 등의 흔적을 남기고 돌아다니는 것이 매우 신경 쓰입니다. 단정하고 깔끔해 보이지 않는다는 단순한 생각에서부터 자조 능력이 떨어지는 아이들처럼 평가될까 싫습니다. 언젠가 둘째 아이와 함께 제육볶음을 먹다가 아들이 가슴팍에 양념을 흘렸는데 반사적으로 저를 쳐다보면서 하는 말이 "아~ 나 이 티셔츠 너무 싫어."라고 하면서 휴지로 양념 자국을 벅벅 문질러 대는 겁니다. 아이 앞에서 들키지 않으려 했지만 내심 아이의 반응에 적잖이 놀랐습니다. 제가 얼마나 옷에 묻히는 것을 예민하게 굴었으면 실수를 인정하기보다 티셔츠가 싫다고 했을까. 녀석은 왜 벌어진 사건에 대해 본인의 실수를 담백하게 인정하지 않고 애꿏은 티셔츠에 초점을 맞춰 얼토당토않은 변명을 했을까. 자신의 능력과 기능에 대해 후하게 인정받고 싶은 욕구, 깔끔하게 실수를 수용하지 못하는 태도. 저의 이십 대 시절과 정말 비슷했습니다.

아이와 저는 엄연히 다른 인격체입니다. 성별도 다르고 생각도 다르고 감정도 다릅니다. 앞으로의 인생도 다를 것입니다. 그러나 저와 아이는 혈육이라는 가장 특별한 관계로 맺어져 우리 두 사람 서로의 인생에 엄청난 영향력을 미치는 사이입니다. 이 관계를 '내가 그랬으니 아마 너도 그럴 거야, 내가 아니었으니 너도 아니어야지.'처럼 폭력적 등식을 성립시키려는 것이 아닙니다. 부모 자녀 관계는 이 세상의 그 어떤 사이보다 밀접하고 긴밀하여 서로의 작은 신음에도 지대한 영향을 받기 충분하니 부모는 **아이를 알기 전 '나' 자신에 대해 정확하고 솔직하게 알아야 함을 다시 한번 강조하고 싶은 것입니다.** 그날 오후 나는 왜 완벽하려 할까, 나는 왜 특히 타인의 지적과 평가에 감정이 요동칠까에 대해 객관적인 데이터를 찾기 위해 내 인생을 거꾸로 거스르는 시간을 한동안 가졌습니다. 왜냐하면 이것을 알아야 나와 비슷한 행동과 감정을 보이는 둘째 아이를 위해 부모로서 적절한 공감, 격려, 수용을 포함한 안전한 심리적 울타리를 제공해 줄 수 있을 테니까요.

소리로 흐르는 육아

내 아이와 나는 같은 편?

"엎어라 뒤집어라 데덴찌."

어릴 적 편 가르기 구호를 위해 이런 말 리듬 한 번씩 해보셨지요? 재밌는 것은 편을 가르는 이 구호도 사투리처럼 동네마다 버전이 다르다고 합니다. 전 서울 화곡동에서 자랐는데 "데덴찌"라고 외치는 편 가르기 놀이를 했습니다. 제가 자주 했던 '데덴찌'는 일본에서 유래했다는 설도 있는데 손바닥, 손등 중 하나를 결정하여 낸 뒤, 같은 손 모양을 낸 사람끼리 한 팀이 되는 방법입니다. 같은 손바닥을 낸 사람끼리는 서로 손을 부딪치는 동작을 하며 우리가 같은 팀임을 확인하고 무리를 지어 모이곤 했지요. 평소 마음이 맞는 친구랑 같은 손바닥을 내밀면 그렇게 좋을 수가 없었고 '아, 제발 재만은 아니기를.'이라고 바랐던 친구와 같은 편이 되면 한숨이 절로 나오곤 했습니다. 우리는 이렇게 어릴 때부터 놀이를 통해 같은 편임을 강조하며 자랐습니다. 그런데 정작 나와 내 아이는 같은 편인가요?

저는 어릴 적 공부 잘하는 아이가 아니었습니다. 자발적으로 책을 읽는다는 건 있을 수도 없는 일이었죠. 초등학생 땐 몸을 움직여 뛰어 노는 것이 너무 좋아서 해가 지도록 골목에서 놀았고 중학생 이후부터는 친구들과 수다 떠는 것이 어찌나 좋았던지 기숙사 학교에 갈까 라는 생각을 잠깐 하기도 했습니다. 제가 공부라는 것에 흥미를 갖게 된 것은 대학 이후부터였습니다. 유아교육과에 진학한 이후에도 어떻게 하면 빨리 졸업하고 내가 하고 싶은 음악을 할까 궁리하던 중 1학년 겨울방학 필독서 감상문 제출을 위해 읽은 책을 통해 제 인생의 판도가 조금씩 바뀌기 시작했습니다. 여하튼 저는 스무 살이 될 때까지 왜 공부해야 하는지, 왜 책을 봐야 하는지 스스로 납득하지 못했기에 아직 초등, 중등과정을 겪고 있는 제 아이들에게도 억지로 공부하도록 강요하지 않습니다. 저도 그렇게 하지 못했는데 아이들에게 강요하는 건 너무 위선적이라 생각했고 한참 몸으로 뛰어놀고 싶은 발달단계에 좁은 공간에 갇혀 많은 시간을 어쩔 수 없이 보내야 한다는 사실을 충분히 공감하기 때문입니다. 제가 생각할 때 매일매일 학교에 갈 수 있는 힘은, 또래 친구를 만나 깔깔거리며 소통하는 대인관계와 일정 시간이 되면 공부를 잘하든 못하든 모든 아이들에게 제공되는 따뜻한 밥 한 끼 때문이라고 생각합니다. 저는 이 두 가지만 잘해도 훌륭한 학교생활이라고 봅니다. 저의 학창시절이 이 두 가지만으로도 충분히 행복했으니까요. 그러나 사람이 성장하며 마땅히 행해야 할 성숙도에 따른 과업들을 수행하기 위해서는 생각하는 것, 노력하는 것, 하기 싫지만 끝까지 해내야 하는 것, 어렵지만 매달려 보는 것 등도 경험하고 연습해야 합니다. 이를 위해 학교교육과정에 성실히 임하고 주어진 과제 수행을 위해 애쓰는 자세는 응당 필요하지요. 사람은 결코 혼자 살 수 없으니까요. 서로 도움을 주고받기 위해 내가 잘할 수 있는 일은 반드시 있어야 합니다. 사회와 공동체에 기여할 수 있는 나만의 기술과 재능, 능력이 있어야 합니다. 이것을 경험하는 공동체가 곧 학교입니다.

때는 지금부터 2년 전, 첫째 아이가 6학년 여름방학을 앞둔 시점이었습니다. 아이와 저는 차가운 방바닥을 찾아 이리저리 뒹굴거리며 쌩쌩 돌아가는 선풍기 바람 앞에서 무료한 여름 오후를 보내고 있었습니다. 그때 제 눈에 포착된 건 아들의 침대 밑 한 귀퉁이에 삐져나온 중학교 1학년 수학 문제집이었습니다. 아직 중학생이 되지도 않았던 시기에 이런 물건이 저희 집에 있을 리가 없죠. 사촌 형이 안 쓰는 참고서를 한 무더기 주었기에 벌어진 풍경이었습니다. 무심코 제가 한마디 던졌습니다.

"중학교 수학은 뭘 배우려나." 이때까지만 하더라도 전 제가 중학생이던 30년 전 수학교과 내용을 상상하고 있었습니다.

"중학교?" 전혀 관심 없던 아들도 중학교라는 단어에 호기심을 보였습니다. 저와 아들은 무언가에 홀린 듯 둘이 동시에 벌떡 일어나 마치 침대 밑 뿌연 먼지가 가득한 심해로 빠져들어 가는 듯한 중학교 1학년 수학 문제집을 얼른 낚아챘습니다. 한 손으로 들기에도 버거운 사이즈의 문제집을 겨우 들고선 휘리릭 훑어본 뒤 제 입에서 나온 첫 마디는 "헉"이었습니다. 당황과 놀람, 걱정, 염려, 두려움이 섞인 한마디였죠.

"ㅇㅇ아, 큰일 났다. 이게 뭐냐, 엄마 하나도 모르겠어. 뭐 이래? 왜 내가 배운 거랑 다르냐."

"엄마, 줘 봐." 아이는 중학 교과에 대해 저보다 더 기본 정보가 없기에 문제집을 훑으며 놀라지도 못했습니다. 그저 깨알 같은 활자와 빽빽이 들어선 문제 수를 보고 압도당할 뿐이었죠.

"뭔지 알겠어? 대강 알만한 내용이야?"

"아니, 모르지~"

"어떡하나, 당장 내년에 이걸 배운다는 거 아니야? 헉. 엄마는 진정 1도 모르겠어. 이게 다 뭐야. 근데 다른 애들은 이거 다 하고 오는 거 아니야?"

"다른 애들은 중1 과정 끝낸 애들도 있어."

"중학교도 선생님들이 친절하게 수업하겠지? 너희 이거 다 알지? 하고 넘어가는 건 아니겠지?"

"모르지. 내가 가봤어야 알지."

아이는 별 관심 없다는 듯 대답했지만 아이의 표정에서도 걱정스러움을 읽을 수 있었습니다.

"○○아, 이제 도움을 받아볼까? 당장 내년에 중학생인데, 학교 수업은 알아들어야 하는 거 아니야? 엄마가 지금 내용을 보니 단순히 수업만으로는 이해하기 어려울지도 몰라. 넌 어때?"

애꿎은 문제집만 연신 앞뒤로 훑던 아이는 어떤 말도 하지 못했습니다.

"오늘부터 생각해 봐. 학원을 꼭 다녀야 한다는 게 아니야. 중학생 교과 내용이 생각보다 어려울 것 같고 선행을 하지 않은 너는 더 못 알아들을 수도 있다는 거야. 학교 진도만 따라가도 문제없는데 그것조차 안 될까 봐 엄마는 걱정된다는 거지. 학교 수업내용을 이해하지 못하면 수업시간이 두려울 거고 그럼 학교생활이 즐겁지 않을 테고 그럼 학교 가기가 싫어질 수도 있어. 그러나 어디까지나 결정은 네 몫이니까 네가 스스로 할 수 있을지 잘 생각해 보고 얘기해." 왠지 아들에게 모든 결정권을 떠넘긴 듯한 기분도 들었지만 저는 어디까지나 아이의 의견을 존중하고 싶은 마음이었습니다. 아들도 저의 이러한 의도를 왜곡해서 듣진 않아 천만다행이었습니다. 이틀 뒤 아들은 "엄마, 학원 가볼래."라고 결심하듯 말했습니다. 이 말은 아들이 초등 입학 후 6년 만에 처음 자발적으로 학원을 가겠다고 결정한 순간이었습니다. 학원을 가겠다고 결정한 것이 대단한 것이 아니라 아들이 자신에게 펼쳐질 앞날의 사건에 대해 준비하려는 진지한 행동을 처음으로 했다는 것에 큰 의미가 있다고 생각했습니다. 그것도 학습과 관련해서 말이지요.

"그래? 결정하느라 고생했어."

"엄마 그럼 어떤 학원가야 돼?"

"엄마도 몰라. 그동안 학원에 관심이 있었어야지. 이제부터 찾아봐야지 뭐. 친구들은 어디 학원 다닌대?"

아들과의 대화 이후 저의 폭풍 서치가 시작되었습니다. 주변에 가깝게 지내는 엄마들도 없고 저희 집은 아파트가 아니라 상가에 학원들이 줄지어 있는 것은 더더욱 아니기에 검색창에 기대를 걸 수밖에 없었습니다. 감사하게도 인터넷 검색을 통해 알게 된 학원에 문의를 했고 상담 끝에 동네 중학교 근처 학원을 등록하게 됐습니다. 다행히 일대일 지도가 가능한 곳이라 저희 아이처럼 현행도 정확한 진단이 안 되고 선행은 더더욱 안 된 케이스에겐 최적의 환경이라는 판단이 들었습니다. 그때 이후 지금까지도 학원 선생님들과 적극적으로 소통하며 도움을 받고 있습니다. 아들은 초등 마지막 시기에 처음으로 사교육 받은 학생치고 현재 중학교 교육과정도 잘 소화하고 있습니다.

네 옆엔 내가 있어

초등 내내 학원에 다니지 않다가 중학교 입학 앞두고 결국 학원 갔다는 얘기를 하고 싶은 것이 아닙니다. 요지는 아이와 학습을 같은 편으로 둔 것이 아닌 저와 아이가 같은 편이었다는 것에 있습니다. 저와 아들이 같은 편이었고 상대가 수학이었다는 것이 중요합니다. 침대 밑에서 수학 문제집을 발견하던 날 "그러니까 엄마가 그동안 얘기했어, 안 했어? 지금까지 팽팽히 놀고 있다가 이제서 정신이 드냐? 미리미리 했어야지 이제 와 뭘 하겠다는 거야? 다른 애들은 지금 1학년을 다 했다는데 어떡할 거야 정말, 아휴 진짜." 이런 스토리로 흘러갔다면 저는 골리앗이 되고 상대는 아들과 수학이 한편이 되어 저의 빗발친 공격에 당하고 있는 꼴이 되었을 겁니다. 안 그래도 불안이 높고 자기감정을 잘 드러내지 않는 아이인데, 본인도 나름대로 중학교에 대해 막연히 걱정스러웠을 텐데 거기에 대고 속사포로 퍼부었다면 수학 학원이고 뭐고, 그냥 이불을 뒤집어쓰고 방문을 걸어 잠그는 일은 어렵지 않았을 겁니다. 저도 학창시절 수학 못했고 수학 때문에 성적이 떨어져 봤기 때문에 학년이 올라가고 상급 학교로 진학하는 것이 늘 공포였습니다. 그 마음과 두려움을 알기에 첫째 아이와 한편이 되어 수학이라는 골리앗을 상대로 함께 싸워주고 싶었습니다. 아니, 설령 골리앗에게 진다해도 '네 옆엔 내가 있어.'라는 전우애라도 느끼길 바랐습니다.

저의 어린 시절 중 유독 잊지 못하는 몇 장면이 있습니다. 초등학교 5학년 추석 명절이었습니다. 친할머니댁에 많은 가족들이 모였습니다. 오빠와 저는 세 살 터울이었으니 오빠는 중학교 2학년이었습니다. 당시엔 가족들이 모이면 각 집의 아이들 성적이 늘 화두였습니다. 작은어머니가 저희 어머니를 보며 말씀하셨습니다.

"형님은 아들이 공부 잘해서 좋으시겠어요." 저희 오빠가 저보단 잘했습니다. 뒤이은 질문은 "보원이는 뭘 잘해요? 공부는 오빠만큼 해요?" 순간 제 등에 땀이 흘렀습니다. '앗! 큰일 났다. 이제 모든 게 들통나는 것인가.' 저는 남들이 보기에 공부 잘하게 생겼습니다. 어디까지나 겉으로 보기에 똑똑해 보인다는 겁니다. 그러나 우리 가족은 저의 실체를 알고 있으니 겉으로 보이는 모습만 보고 판단한 작은어머니께 저희 어머니가 뭐라고 대답하실지 긴장됐습니다. "보원이는 여러 사람 앞에 서서 하는 활동은 다 잘해요" 어머니의 간결하고도 분명한 어조의 한 방이 방 안 모든 식구들의 이목을 집중시켰습니다. 곧이어 모든 가족들이 저를 바라보았고 저는 어색한 미소로 답했습니다. 다행히 5학년인 저에게 노래하고 춤춰보라는 요구는 하지 않으셨습니다. 저는 추석날, 어머니의 큰 한 방을 평생 잊지 못합니다. 인생의 큰 고비마다, 여러 사람 앞에 설 때마다 평가받을 때마다 이 문장을 기억했습니다. 자녀들이 흔히 오해하는 '엄마는 오빠만(다른 형제) 좋아해.'라는 대표적 명제가 저에게도 예외는 아니었는데 그날 어머니의 그 한 방으로 모든 의심이 격파되었습니다. 어머니가 내 편이라는 것, 나의 강점, 약점을 알고 있다는 것. 그리고 나의 그 모든 것을 지지하고 격려하고 있다는 것을 눈앞에서 본 날이니까요. '아들아 두려워 마라, 인생엔 수학보다 훨씬 더 어렵고 난해한 문제들이 많단다. 그때마다 무서워 말고 조급해하지 말고 너의 편을 찾으렴, 무엇보다 변하지 않는 건 엄만 항상 네 편이다.'

소리로 내 마음 알아보기

빛내줘

직장에서 인정받고 칭찬받으며 결혼, 출산 이후에도 시간과 에너지를 쪼개가며 자신의 커리어를 잘 쌓는 워킹 맘들이 있습니다. 교사들 중에도 남의 자식 돌보느라 정작 내 자식은 나 몰라라 한다고 푸념을 늘어놓으면서도 가정, 학교, 자녀들까지 어느 하나 소홀해질까 봐 동그란 눈에 힘을 주며 열심히 사는 동료 선생님들을 많이 봐왔습니다. 저 역시 그들 중 한 명이었고요. 그런데 이상하게도 동료 중에 셋째를 낳을 때까지 육아휴직을 1도 사용하지 않으며 꾹꾹 참았다가 아이가 초등학교에 입학 하자마자 바로 이때라는 마음으로 긴 휴직의 시대를 여는 경우들을 자주 보았습니다. 초등학교가 뭐기에 세 번의 임신 출산에도 꿈적하지 않던 마음을 자녀 초등 입학에 와르르 쏟는 것일까요. 3월 새 학기 초등학교 앞은 그야말로 전쟁터입니다. 어찌 보면 3월 유치원 현관보다 더 애절하고 간절함이 흐르는 곳이 초등학교 정문 앞입니다. 아이는 머리부터 발끝까지 새 옷과 가방으로 번쩍번쩍 멋을 부려 의연하게 정문을 통과하지만 뒤에서 지켜보는 엄마의 마음은 전혀 그렇지 못한 듯합니다. 초등 입학이란 이제 본격적인 학부모 꼬리표를 달고 공개적으로 부모의 실력과 능력이 드러나는 시점이기 때문일까요?

소리로 흐르는 육아

MZ세대[12] 엄마들은(꼭 그런 것은 아니겠지만) '엄마=희생'이라는 공식이 성립하는 세대는 아닙니다. 아이보다 내 인생의 가치가 중요하고 임신 출산 육아보다 인생의 재미가 우선인 세대입니다. 아니 어느 세대나 자녀 때문에 내 인생의 자유를 포기하고 헌신하는 건 하지 않겠다고 호소하는 사람들은 늘 존재했었죠. 그러나 이들도 결국 조물주가 디자인한 생명에 대한 본능적 기쁨을 거스르지 못하고 출산의 과정을 거쳐 끝내 '엄마'라는 위대한 존칭을 받게 됩니다. 그런데 요즘 엄마들은 자기 자신의 커리어나 꿈을 버리고 엄마로만 살지 않습니다. MZ 엄마들은 자신의 어머니로부터 '엄마처럼 살지 마, 네 일을 찾아, 너를 성장시켜.'라는 말을 숱하게 들으며 자기계발에 정성을 들인 세대입니다. 그러나 대학을 졸업 후 직장생활을 했더라도 명확한 직업을 찾지 못했거나 출산 이후까지 직업을 이어가지 못한 엄마들은 곧 운전대를 다른 방향으로 바꿉니다. 자신의 자아실현을 자녀교육으로 대체하는 것이죠. 엄마라는 위치에서 '부모=자기희생'의 공식이 아닌 '육아=자아실현'으로 삼는 것입니다. 육아를 통해 내 실력을 발휘하고 정체성을 드러내면서 자신의 존재를 증명하는 겁니다. 그 서막이 바로 초등 1학년이 되는 셈입니다. 전업 맘들은 아이를 위해 다양한 정보를 모으고 발 빠르게 움직이며 성실하게 케어하고 필요하다면 체면을 무릅쓰고 엄마들 모임에 끼면서 자녀의 12년 학령기 인생을 위해 체계적이고 실행력 있게 조율합니다. 아이가 빛나면 결국 엄마인 나도 빛나게 될 것이라 오해하기 때문이죠. 아이가 엄마의 로드맵을 군말 없이 잘 따라온다면 그나마 다행, 엄마 주도적으로 끼워 맞춘 이 과정에 아이와 치열한 전쟁을 벌이게 되는 것도 흔한 일입니다. 가족 모임이든 친구 모임이든 어느 모임에서나 자신의 존재를 증명할 수 있는 수단이 내 아이뿐이라면 어떨까요? 공동체 안에서 나를 표현할 수 있는 이야기가 내 아이의 학업성취나

---

12) 1980년대 초~2000년대 초 출생한 밀레니얼 세대와 1990년대 중반~2000년대 초반 출생한 Z세대를 통칭하는 말. 디지털 환경에 익숙하고, 최신 트렌드와 남과 다른 이색적인 경험을 추구하는 특징을 보임.

결과물뿐이라면 어떤 마음일까요?

 '아이야, 내가 잘나 보이게 나를 빛내줘.'

 자신의 존재를 증명하기 위해 소중한 자녀의 시간을 빌려 쓰는 육아는 누굴 위한

것인가요?

내 안의 소리를 들어요

– 만약, 자녀가 당신이 상상하고 계획했던 삶에서 벗어나 전혀 다른 삶을
  선택한다면 당신은 부모로서 어떤 감정이 들까요?
– 혹시, 당신은 자녀에게 조건부 사랑을 주고 있지 않은가요?

_____

_____

_____

_____

_____

_____

4장

음악이
위로를 줍니다

나를 비추는 육아 사운드트랙

'오늘 나는 어떤 부모였나.' 하루를 마치고 스스로에게 질문을 건네는 부모들에게 나를 돌아보는 데 도움이 될 만한 음악 활용법을 소개합니다. 육아는 마치 끝없이 흐르는 강물 같아서 때로는 그 흐름에 휩쓸려 나 자신을 잃어버리기도 합니다. 거센 물살 속에서도 나를 지키기 위해 든든한 부표가 되어 줄 음악 사용법입니다.

나의 육아 인생을 영화에 비유한다면 어떤 장르가 될 수 있을까요? 코믹, 멜로, 액션, 공포, 스릴러, 오컬트, 느와르, 전쟁, 공상 과학, 판타지, 역사, 스포츠, 애니메이션. 지금 잠깐 책을 덮고 생각해 볼까요. 소중한 생명이 찾아와 엄마의 뱃속에서 두 개의 심장이 뛰던 그 순간부터 오늘까지 이어진 여러분의 육아 인생은 어떤가요? 육아 인생은 아직 엔딩 크레디트가 올라가지 않았으니 영화의 장르는 엔딩에 따라 얼마든지 바뀔 수 있습니다. 그렇다면 여러분의 육아는 어떤 장르로 마무리 짓고 싶으신가요? 임신부터 현재 자녀의 나이까지 경험했던 사건, 만났던 사람들, 느꼈던 감정들, 흘렸던 눈물과 벅차오르던 기쁨들을 모아 '부모'라는 나만의 영화를 구성해 봅시다. 그 영화의 무드가 곧 장르가 될 것입니다.

부모의 정서 조절을 위한 음악 사용법 첫 번째 활동은 '나를 비추는 육아 사운드트랙'입니다. 이 과정은 지나온 시간의 자취를 회상하고 성찰하여 내 인생과 육아를 **객관적 시각**으로 바라보도록 안내해 줍니다. 내 삶에 대한 객관적 시각은 특별히 나를 두렵게 하는 부정적 감정을 알아차리게 하여 이를 조율하고자 하는 동기와 의도를 갖게 하지요. 감정을 통한 자기 조절은 자기 확신감을 형성하고 내 삶과 육아에 대한 긍정적 사고를 강화해 줍니다. 또한 특정 음악은 억눌려있던 감정이 표면으로 떠오르게 하거나 나의 숨겨진 감정을 음악에서 표현된 이야기와 연결하여 나의 감정 상태를 명확하게 인식하게 해 자신의 반응을 스스로 파악하도록 이끌어주기도 하지요. 음악은 일종의 명상과 같은 효과가 있어 편도체의 과도한 활동을 진정시켜 분노와 불안 같은 부정적 감정을 내려놓고 새로운 시각에서 자신을 바라볼 수 있는 기회를 제공해 줍니다. 혹여 이 활동을 실천했음에도, 자기 객관화의 어려움이 여전히 존재한다 해도 과거를 회상하며 음악을 검색하고 생각하며 음악을 듣는 이 행동만으로도 당신은 충분히 행복해질 수 있습니다. 왜냐하면 내가 좋아하는 음악, 나에게 의미 있는 음악을 들을 때 우리 뇌는 보상회로가 작동돼 도파민을 분비시키고 긍정적 감정을 느끼게 하기 때문입니다.

활용방법

① 육아 인생 그래프 그리기

– 육아 인생 그래프를 그려봅니다. 자녀 임신부터 현재 나이를 1년, 3년 또는 5년(자녀 나이를 기준으로 적절히 설정) 주기로 구분합니다.

② 중요 사건 기록하기

– 육아를 하면서 중요했던 사건, 이벤트 등을 기록합니다. 예를 들어 임신, 출산, 돌, 첫걸음마, 유치원 입학, 초등 입학, 병원 입원, 수술 등 육아 인생에 중요했던 사건들을 인생 그래프에 표시합니다.

③ 음악 찾기

– 육아 인생의 굴곡점이나 중요한 사건이 있었을 때 내가 찾아 들었던 음악, 불렀던 노래, 또는 내 아이가 흥얼거렸던 노래, 의도와 상관없이 들려온 음악들을 떠올려 기록해 봅니다. 잘 기억나

지 않는다면 해당 연도의 음악을 검색하거나 핸드폰 안에 무수히
저장된 동영상 속 음악을 참고해도 좋습니다.

④ **형용사로 표현하기**

– 해당 음악을 들었던 과거 그때 그 기분과 감정을 형용사로 기록
해 봅니다. 벅참, 행복, 고립됨, 우울, 공포, 두려움, 걱정, 환희,
감동 등 그때의 느낌을 적습니다.

⑤ **다시 듣기**

– 대략 5개 이상의 육아 사운드트랙이 완성될 것입니다. 시간이 날
때마다 기록한 음악들을 처음부터 하나씩 다시 들어봅니다. 흘려
듣기보다 의도적으로 집중해서 들어보십시오. 음악을 들으며 내
가 느껴야 할 당위적 감정은 없습니다. 정답, 해답도 없습니다.
그저 듣고 느끼면 됩니다.

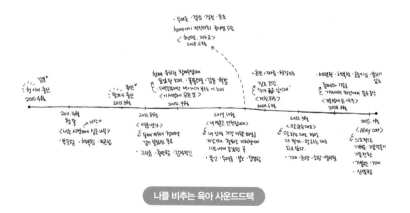

나를 비추는 육아 사운드트랙

소리로 흐르는 육아

감정을 달래는 음악 서랍장

음악이 감정을 조절하고 조율할 수 있다는 믿음이 생겼다면 이제 음악을 의도적으로 사용해 보겠습니다. 음악은 당신의 감정과 가장 가까운 곳에서 당신을 위로하고 응원하는 특별한 친구가 되어 줄 것입니다. 시험에 합격해 날아갈 듯 기쁘다면 이 감정을 충분히 즐길 수 있도록 밝고 명랑한 가벼운 느낌의 음악을 들어보십시오. 예상치 못한 어려움을 만났다면, 기한이 정해진 결과물을 내야 하는 불안함을 느꼈다면 긴장을 이완시키는 부드러운 음악을 들어보십시오. 당신이 선택한 음악의 리듬과 멜로디, 분위기와 무드가 당신의 그 감정을 수용하고 공감해 줄 것입니다. 너무 슬프고 우울한 날 부정적 감정에 매몰되지 않도록 밝고 명랑한 기분으로 바꾸고 싶다면 먼저, 슬픔을 공감해 줄 수 있는 음악 한두 곡을 듣고 점차 행복한 음악으로 환승해 보시기 바랍니다. 슬픈 느낌의 곡에서 갑자기 빠른 템포의 신나는 음악으로 급 변경하는 것보다 템포와 멜로디가 점진적으로 서서히 변화되는 음악 듣기가 **감정조절**에 훨씬 더 효과적입니다. 무엇이든 갑자기 바뀌는 건 우리 몸이 적응하기 어렵습니다.

사람이 느낄 수 있는 감정은 저마다 다르고 감정을 표현할 수 있는 단어 수만큼이나 무수히 많은 감정이 있습니다. 대체로 사람의 감정을 슬픔, 기쁨, 분노로 구분한다면 기쁠 때 듣고 싶은 음악, 슬플 때 듣고 싶은 음악, 분노가 치밀 때 듣고 싶은 음악 이렇게 세 가지로 분류한 감정 서랍장을 만들어봅니다. 그리고 각각의 감정 서랍과 비슷한 분위기의 음악을 몇 곡씩 넣어 둡니다. 삶의 어느 날 내가 느낀 감정을 더 강화하거나 감소하고자 할 때 분류해 둔 음악 서랍장에서 필요한 음악을 골라 듣습니다. 마치 밀렸던 일을 마치고 냉장고 문을 열어 여러 가지 음료 중 좋아하는 것을 기분 좋게 골라 시원하게 들이키듯 말이죠. (아! 더 구체적인 감정이 필요하시다면 얼마든지 추가하셔도 됩니다. 그러나 생각보다 감정을 구분하는 일이 쉽지 않으니 처음엔 서너 가지 감정에서 시작하기를 추천합니다.)

소리로 흐르는 육아

활용방법

① 음악 서랍장 만들기

– 내가 좋아하는 음악, 즐겨 듣는 음악, 우연히 들은 음악들을 모아 감정 범주(슬픔, 기쁨, 분노)에 맞춰 음악 서랍을 만듭니다. 흥얼거릴 수 있으나 정확한 제목을 모를 경우 특정 앱이나 검색 기능을 활용하면 음악을 찾을 수 있고 다양한 앱을 활용하여 정리하면 편리합니다.

② 음악 꺼내 듣기

– 특정 감정이 느껴질 때 분류한 음악 서랍장에 보관된 음악을 꺼내 듣습니다.

③ 충분히 느끼기

– 현재의 감정과 유사한 음악을 들으며 음악이 제공하는 감정과 정서를 충분히 느낍니다. 감정 변화가 필요하다면 유도하고 싶은 감정의 서랍을 열어 해당 감정의 음악으로 천천히 갈아탑니다. 마찬가지로 내가 느껴야 할 당위적 감정은 없습니다. 오로지 당신의 느낌이 옳습니다.

마음을 채우는 음악 감사 일기

음악을 활용한 감사 일기 쓰기입니다.

음악 듣기는 단순한 청각적 자극을 넘어 사람의 감정, 기억, 신경 시스템에 영향을 미치는 복합적인 활동입니다. 음악을 구성하는 다양한 요소 중 멜로디는 듣는 사람의 감정을 움직이게 하는데, 선율의 음폭이 클수록 감정도 극대화되고 음역이 좁아지면 감정 표현의 정도 역시 절제됩니다. 스케일이라고도 불리는 음계는 보통 서양 음악의 7음계를 말하며 일곱 개 음들의 규칙적인 간격 배열에 따라 장조major와 단조minor로 나뉩니다. 사람은 보통 음악을 들을 때 각 음의 집합과 일정한 박beat의 규칙적 패턴인 박자를 인식해 특정 감정을 느끼게 됩니다. 어떤 음악을 들으면 기쁘다, 밝다, 슬프다 또는 어둡다, 외롭다,

무섭다와 같은 느낌이 일어나는 것이 바로 스케일의 역할이죠. 또한 음악 요소와 무관하게 특정 음악을 들으면 과거에 경험했던 사건이나 장소, 사람, 냄새, 풍경 등이 떠올라 감정적 반응이 일어나는데, 이는 뇌에서 기억을 담당하는 해마와 감정을 담당하는 편도체가 가까이 있어 협력하기 때문입니다. 뇌는 음악과 특정 사건에 대한 감정을 하나로 인식하여 저장합니다. 같은 음악을 들어도 어떤 사람은 행복을 느끼지만 또 어떤 사람은 공포를 느낄 수 있는 연유가 이것입니다. 수십 년이 지나도 잊히지 않는 음악이나 기억은 그 대상이 정서적 반응과 연합되어 있기 때문입니다. 대한민국 국민으로서 독도의 위치나 특징 정도는 상식적으로 알고 있어야 하지만 막상 말해보라고 하면 술술 말하기가 쉽지 않습니다. 이때 〈독도는 우리 땅〉 노래의 전주가 들리면 나도 모르게 '울릉도 동남쪽 뱃길 따라 이백리.'라는 가사가 입에서 흘러나오게 되는 것을 경험할 수 있습니다. 우리는 〈독도는 우리 땅〉 노래를 듣고 부를 때마다 가사를 통한 인지적 자극뿐 아니라 대한민국 국민으로서 독도를 향한 충만한 자부심의 정서적 자극도 느끼기 때문입니다.

감사하기는 자신이 받은 도움이나 기쁨의 근원을 돌아보게 합니다. 이는 자기 성찰과 관계 형성의 감정을 자극하게 되지요. 감사할 때 뇌는 기본적으로 부정적 감정보다는 긍정적 감정을 인식하고 유지하려는 경향이 강해집니다. 감사는 뇌의 긍정적 정서를 촉진하는 과정에서 논리적 사고를 담당하는 전전두피질의 역할을 강화해 감정을 조절하고, 활성화된 편도체를 안정화해 불안과 두려움을 완화하도록 돕습니다. 감사를 통해 긍정적 태도를 갖게 되면 우리 뇌는 세로토닌, 도파민과 같은 신경전달물질을 분비시켜 기분이 좋아지고 행복감을 유지하게 됩니다. 감사는 결국 스트레스 상황에서도 자신을 조절함으로 자기 회복력을 강화하게 하는 열매를 맺게 해줍니다. 음악 감사 일기는 감사하는 마음과 음악을 연합시켜 기억하고 저장하는 역할을 하는데 시간이 지나도 그 음악을 듣기만 하면 감사했던 감정이 떠올라 일상에서 조금이라도 긍정적인 사고를 할 수 있게 해줍니다. 그러나 사람은 생존 본능에 따라 부정적 생각을 먼저, 많이 하게 되므로 감사하기 위해서는 평소 의도적인 훈련이 필요합니다.

활용방법

① 음악 선택하기

- 하루를 마감하며 오늘 들었던 음악들 중 한 곡을 떠올립니다. 의도적이었든 아니었든 내 귀에 인식된 모든 음악이 대상입니다. 특별한 음악이 없었다면 지하철이 승강장 안으로 들어오는 신호음, 전기밥솥이 취사를 마치는 알림음, 학교 수업이 끝나는 반가운 종소리도 괜찮습니다.

소리로 흐르는 육아

② 한 줄 적기

- 음악을 들었을 당시 나의 상태, 형편, 기분에 대해 한 줄 쓰기를
  합니다.

③ 다시 듣기

- 하루를 마치는 시점에서 그 음악을 다시 들어봅니다. 음악을 들
  으며 감정이나 생각의 변화가 있다면 간단하게 기록해 보고 변화
  된 원인도 생각해 봅니다. 음악을 들을 때 성찰해야 한다거나 깨
  달아야 할 요소들을 억지로 생각하기보다 자연스럽게 느껴지는
  기분을 만끽하시면 됩니다.

④ 감사 메모하기

- 특정 음악을 들으며 감사 제목을 적습니다. 다분히 의도적이어
  야 합니다. 아주 사소한 일이라도 감사의 거리를 찾아보십시오.
  아무리 생각해도 감사할 것이 없다면 지금, 여기 내가 숨 쉬며 이
  음악을 다시 들을 수 있음에 감사하시면 됩니다.

♪

음악으로 통하는 만남의 광장

사람은 타인과 관계 맺도록 지어졌고 관계 맺을 때 가장 안전하고 편안한 행복감을 느낄 수 있습니다. 음악 역시 독주, 독창보다 여러 사람이 함께 어울리는 합주, 합창과 같은 사회적 활동을 경험할 때 감동과 재미가 더해집니다. 이번 활동은 나의 음악을 가깝고 소중한 사람들과 함께 공유하는 것입니다. 위에서 언급한 인생 사운드트랙이나 음악 일기에서 들었던 음악을 나누어도 좋고, 새로운 음악이어도 좋습니다. 특별히 부부가 서로의 인생 음악을 공유하고 그 느낌을 나누는 작업을 한다면 말로 다 하지 못했던 서로의 인생을 수용하고 이해할 수 있는 훌륭한 공감의 시간이 될 것입니다. 부부간 소통과 관계성을 위해 두 손을 맞잡고 어색하게 '그랬구나.'만 연발하기보다 자신에게 의미 있는 음악을 공유함으로 말로는 충분히 표현하지 못했던 미세한 정서적 뉘앙스를 전달해 보시면 어떨까요?

부모 자녀관계에서 음악 공유하기는 서로의 음악을 통해 세대를 이해하고 문화를 경험할 수 있는 기회가 됩니다. 시대별 음악 스타일과 리듬을 들으며 시간의 흐름도 느껴보고 부모 자녀 간 물리적 간극을 예술적으로 경험해 볼 수 있습니다. 활동을 통해 뾰족한 효과가 없었다 할지라도, 가족 구성원이 하나의 음악을 함께 경험했다는 것만으로도 동질감과 관계성이 형성될 수 있음은 분명합니다. 리듬 동조화 현상이 그렇게 만들어줄 것이니 염려하지 않으셔도 됩니다. "야, 이런 음악이 왜 좋냐, 시끄러워! 맨날 이런 것만 들으니까 네가 정신이 없는 거야. 좀 차분한 걸 들어!"와 같은 잔소리와 지적은 잠시 넣어두십시오. 음악을 공유하는 것은 그 사람의 가치관과 삶의 태도를 공유하는 것과 같고 시대의 문화와 흐름을 이해하는 것과도 같습니다. 서로 다른 세대를 이해해 보겠다는 다짐으로 대화를 시도했다가 구차한 잔소리를 연발하거나 의도치 않게 꼰대가 되는 것보다, 좋아하는 음악 한 곡을 들으며 이 순간을 함께 만끽하는 것. 얼마나 아름다운 일인가요! 또 직장이나 공동체에서 세대와 의견이 다른 리더와 팔로워들이 서로의 인생 음악을 공유하며 공통점과 차이점을 찾아보는 활동도 추천합니다. 참여자들은 음악에 대해 자유롭고 편안하게 다양한 의견을 나누며 팀 안에서 **소통과 조화를 경험하고 타인의 입장과 정서를 수용**해 보는 기회는 덤으로 갖게 될 터이니 탁월한 공동체 활동이 될 것입니다. 학교의 교가, 회사의 사가, 군대의 군가, 캠프의 주제가, 드라마의 테마곡들이 이와 같은 기능을 충분히 하고 있으니까요.

활용방법

① 공유하고 싶은 음악 선택하기

- 어떤 음악도 가능합니다. 가족끼리 지인끼리 음악 장르를 랜덤으로 뽑아 해당 장르의 음악을 각자 선곡해 오는 방법도 좋습니다. 예를 들어 1990년대 R&B, 2020년대 트로트, 1960년대 댄스음악 등으로 말입니다. 인터넷에 서치하면 수없이 많은 음악들을 찾을 수 있으니 선곡에 대해 걱정할 필요는 없습니다.

② 함께 듣기

- 온라인 오프라인을 통해 주변 사람들과 함께 음악을 듣습니다. 요즘은 끼리끼리 구성된 그룹 채팅방이 많으니 좋은 음악을 손쉽게 공유하여 정서적 교감을 나누기에 어느 때보다 유용한 시대입니다. 최근 음악 감상실이 늘어나고 있다는 소식도 이 시대가 좋은 음악을 양질의 사운드로 감상하고 사회적으로 교감하기를 원한다는 사실을 방증해 줍니다.

③ 감상 나누기

– 음악을 듣고 판단하고 평가하기보다 자신의 솔직한 감정과 느낌을 나눕니다. 상대의 감상과 표현을 인정하고 수용해 줍니다. 감상평이 막연하다면 인상 깊었던 특정 가사나 단어, 노래 제목에 대한 소감을 말하는 것도 좋은 방법입니다.

초등생 아들과 엄마의 「음악으로 통하는 만남의 광장」
(음악 공유하기는 정해진 특정 방법이 없습니다. 자유롭게 나누시되 활동 예시를 소개합니다)

· 음악 공유방법 : 각자 선곡한 곡 바꿔 듣고 느낌 나누기
· 엄마가 선택한 음악 : 공원여행 (페퍼톤스)

- <공원여행> 함께 듣기
- 느낌 나누기(엄마가 질문하고 아들이 답하기)

- 음악을 듣고 난 전체적인 느낌이 어때?
  > 경쾌하고 긍정적인 느낌!

- 어떤 소리가 들렸어?
  > 드럼소리 (둥둥)

- 생각나는 가사나 단어가 있었어?
  > 하나, 둘, 셋, 넷 씩씩하게!

- 엄마는 왜 이 노래를 선택했을까?
  > 날 응원해주려고 ^^

- 이 노래를 다시 듣는다면 언제 듣고 싶어?
  > 피곤하거나, 우울할 때.

- 음악의 느낌을 그림으로 표현해보기!!

엄마와 아들의 음악감상 1

· 아들이 선택한 음악 : <슈퍼내추럴> 뉴진스
· <슈퍼내추럴> 함께 듣기
· 느낌 나누기(아들이 질문하고 엄마가 답하기)

- 음악을 듣고 난 전체적인 느낌이 어때?

　　엄마 어렸을때 (90년대) 자주 듣던 댄스가요 느낌.

- 어떤 소리가 들렸어?

　　일어, 영어, 한국어 ㅆ;

- 생각나는 가사나 단어가 있었어?

　　내 심박수를 믿어!! (엄마책에 '심박수' 수십 번 나옴)

- 음악을 들었을 때 생각나는 장소가 있다면?

　　도시의 공터

- 뉴진스는 어떤 그룹일까?

　　시티팝을 소화하는 걸 그룹 ♪! 전 세계 남자 청소년이 모두 좋아하는 걸 그룹 ㅆ

- 음악의 느낌을 이미지로 표현해보기

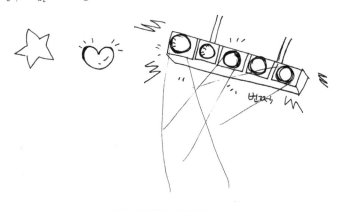

엄마와 아들의 음악감상 2

소리로 흐르는 육아

♪

행복을 충전하는 악기연주

음악활동의 끝판왕은 뭐니 뭐니 해도 직접 연주하는 것입니다. 노래가 되었든 악기가 되었든 직접 구현하는 활동이지요. 제가 어깨너머로 배운 실력만으로도 일생 동안 악기를 연주하며 얻은 보상과 위로, 행복감에 대해 말하자면 다 표현하기가 어려울 정도입니다. 전문 연주가를 꿈꾸는 것도 아니고 대회에 나가 수상해야 하는 것도 아니니 가벼운 마음, 설레는 마음으로 도전해 보시길 추천합니다. 특히 요즘은 온라인을 통해 무료로 독학할 수 있는 여러 채널이 있으니 그 어느 때보다 연주하기 좋습니다. 값비싼 클래식 악기 말고 칼림바, 리코더, 텅드럼, 우쿨렐레 같은 악기도 충분히 멋지게 연주할 수 있으니 가볍게 시작해 보십시오. 듣기만 하는 음악과 내가 직접 연주하는 음악 표현의 정도와 깊이는 직접 경험하지 않고서는 결코 이해할 수 없습니다.

악기연주의 장점은 그 자체로도 매력적이며, 성취감과 행복감, 풍부한 감정과 정서를 기를 수 있다는 점뿐만이 아닙니다. 악보 보기를 통한 시각 자극, 악보 이해 및 해석을 통한 전두엽 자극, 손가락 움직임을 통한 운동 자극, 자신의 연주 소리를 듣는 청각 자극 등 뇌의 여러 가지 부위들이 동시에 활성화되는 전반적 뇌 활동입니다. 악기연주는 뇌세포 사이의 새로운 연결을 끊임없이 만들어 내기에 백세시대 음악을 사랑하는 현대인들이라면 뇌가 노화될까 하는 걱정 따윈 하지 않으셔도 됩니다. 연주가 익숙해지고 자연스러워졌다면, 기본 연주에 나만의 바이브를 더해 내 스타일로 변주해 보십시오. 이것이 바로 즉흥연주며 재즈의 시작입니다. 창의적 사고를 할 때 활성화 되는 뇌 부위는 내측 전전두피질과 같은 전두엽 영역인데 이는 자기 성찰, 상상, 문제 해결과 밀접한 연관이 있다고 합니다. 창의성은 기본 사고패턴에서 벗어나 다양한 아이디어를 도출하기 때문에 뇌의 여러 네트워크가 유기적으로 작용하게 되지요. 이때 감정을 담당하는 편도체가 포함된 보상회로가 작동하여 전반적으로 안정감과 자기 긍정적 사고를 느끼게 됩니다. 제가 밴드 내에서 창의적인 연주 활동을 할 때 통증을 잊을 만큼 **행복감**과 만족감을 느낀 이유가 설명되었나요? 여러분의 느낌 충만한 음악 생활을 응원합니다.

활용방법

① 배우고 싶은 악기 선택하기

- 내 인생을 풍요롭게 하며 마음의 볼륨을 키울 수 있는 흥미로운 악기를 골라보십시오. 최근 유행하는 칼림바, 우쿨렐레, 텅드럼, 리코더, 오토마톤 등은 간단한 운지로도 꽤 괜찮은 연주가 가능한 악기들입니다.

② 온라인 무료 강의 또는 레슨 받기

- 음악에 대한 열정, 알고자 하는 동기만 있다면 선택한 악기를 배울 수 있는 무료 강의는 얼마든지 찾을 수 있습니다. 위에 언급한 간단한 악기들은 매우 직관적이라 설명서만으로 독학도 가능합니다. 상황과 여건이 가능하다면 직접 레슨을 받으며 인간관계뿐 아닌 음악적 상호작용의 행복함도 느껴보시기 바랍니다.

③ 나만의 느낌 추가하기

- 기본적인 연주 방법을 숙지하셨다면 최대한 매일매일 연주하십시오. 익히 알고 있듯 몸으로 습득해야 하는 기술은 오랜 시간 반복해야 하는 성실함을 요구하지만 한번 몸에 새겨진 기능은 오랫동안 잊지 않고 자동적으로 실행된다는 장점이 있습니다. 간단한 동요라도 나만의 느낌을 추가하여 개성 있게 연주해 보십시오. 이것이 바로 '나의 음악'입니다.

소리로 내 마음 알아보기

용서해 줘

 여섯 살 지성이를 교실에서 만난 건 제가 교사가 되고 난 후 두 번째 해가 되던 때였습니다. 아직 교사가 무엇이고 교육이 무엇인지 정의하지도 못할 만큼 햇병아리 수준의 2년 차 유아교사였죠. 전년도와 달리 유치원 전체 원아 수가 몇 배 이상 늘어 유치원 분위기도 매우 바쁘고 분주했던 기억이 납니다. 저는 6세 반 담임을 맡았고 그때 한 반의 원아 수가 33명이었습니다. 지금부터 20여 년 전 일입니다. 지금은 개인정보 차원에서 유치원 입학원서에 부모에 대한 기본적인 사항만 적지만 그 당시는 부모에 대해 꽤 자세한 정보를 요구했습니다. 직업, 근무지, 직위까지 적는 칸이 있었으니까요. 입학원서를 살펴보다 당시 지상파 방송국 PD라고 적힌 보호자 사항을 보고 눈길이 갔습니다. '오우, 지성이 엄마는 유명한 PD시구나.'라는 생각에 지성이는 어떤 아이일까 호기심이 생겼습니다. 그리고 그 호기심은 입학 후 일주일이 채 가기 전 두려움으로 바뀌었습니다.

 보통 여섯 살 아이보다 덩치도 크고, 키도 크고, 골격도 큰 지성이는 유치원에 적응하는 것부터 어려움이었습니다. 태어나 여섯 살이 되도록 집에만 있었고 그 어떤 단체생활도 또래를 만나본 경험도 없었다고 했습니다. 당시 문화센터가 한창 유행이었는데 단 한 번도 그룹 활동을 해본 적이 없다고 했습니다. 지성이는 발음이 부정확했고 자신의 의사를 정확한 언어로 표현하기 어려웠으며 모든 요구사항을 울음

소리로 흐르는 육아

으로 반응했습니다. 이제 2년 차 교사였던 저는 너무나 당황스러웠습니다. 보조교사도 없는 33명의 교실에서 지성이를 어떻게 지도하고 도와줘야 할지 전혀 감이 잡히지 않았습니다. 지성이는 자신의 의사가 전달되지 않자 소리를 지르고 복도에서 뒹굴며 현관문을 뛰쳐나가기를 여러 번, 급기야 친구들과 저의 얼굴에 침을 뱉는 행동까지 했습니다. 지성이는 왜 이런 행동을 할까? 왜 침을 뱉을까? 왜 말하지 못할까? 친구들과 왜 어울리지 못할까? 궁금한 것이 한두 개가 아니었습니다. 선배 교사들에게 조언을 구하기도 했고 책을 찾아보기도 했지만 뾰족한 수는 나질 않았고 주말 지나 월요일 출근이 두렵기까지 했습니다. 교사로서 한없이 부족한 제 경험이 아쉽고, 아이를 위한 적절한 교수 방법을 찾지 못한 제 무능력함에 그저 좌절하면서 말이지요. 지성이에 대한 두려움과 궁금증은 1학기 부모 상담이 있었던 6월 말이 돼서야 조금 해소될 수 있었습니다. 지성이 어머니는 바쁜 스케줄로 인해 가장 마지막 상담시간을 요청하셨고 다음 순서 부모님을 생각하지 않아도 될 시간적 여유를 가지고 어머니와 긴 이야기를 나눌 수 있었습니다.

지성이 어머니는 방송일로 인해 지성이가 태어난 직후부터 친정어머니께 모든 육아를 맡기셨다고 했습니다. 새벽 출근, 새벽 퇴근이 일상이었던 지성이 어머니는 그저 잠든 아이의 얼굴을 만져주는 것이 육아의 전부인 듯 보였습니다. 아이가 언제 옹알이를 했고 언제 걸었는지 기억나지 않을 정도로 일에 몰두했고 '친정어머니가 알아서 잘 케어해 주시겠지.'라고 생각하며 지낸 시간이 아이는 어느덧 여섯 살이 되었습니다. 지성이 어머니에게 자신의 커리어는 너무나 중요한 부분이었습니다. 남자들도 버티기 힘들다는 예능 방송국 판에서 살아남기란 상상하는 것 이상으로 고되고 힘든 시간이었을 것입니다. 지성이 어머니에게 직업으로서의 성과와 성취가 매우 중요했던 그 시기는 지성이에게도 돌이킬 수 없이 인생의 중요한 시간이라는 것이 안타까울 뿐이었습니다.

지성이 어머니에게 지성이의 존재는 모든 것이 미안함이었습니다. 같이 있어주지 못해 미안해, 애틋하게 돌봐주지 못해 미안해, 아플 때 옆에 있어주지 못해 미안해, 유치원 가고 오는 것 보지 못해 미안해, 네가 어떻게 자라고 어떻게 성장하고 있는지 알지 못해 미안해. 아이에 대해 온통 죄책감만 가지고 있었습니다. 지성이 어머니는 지성이가 교실에서 어떤 행동을 하고 있고 이 행동이 여섯 살 발달단계에서 얼마큼 지연되고 있는지에 대해서도 전혀 모르고 계셨습니다. 그저 아이에게 사죄하듯 '미안해.'만 늘어놓고 엄마가 곁에 없는 불쌍한 아이로만 바라보고 있었습니다. 가뭄에 콩 나듯 주말에 쉴 수 있는 시간이 주어지면 어머니는 그간 주지 못한 사랑을 한 번에 몰아주듯, 부모로서 무책임했던 시간들을 어떻게 해서든 채우고자 아이가 원하는 대로, 먹고 싶은 대로, 하고 싶은 대로 갖고 싶은 대로 허용해 주었습니다. 육아의 한계도 부모로서의 어떤 지도도 하지 않으셨습니다. 아니 할 수 없었습니다. 엄마의 죄책감과 미안함에 버무려진 시간 속에서 지성이는 단체생활에 필요한 바람직한 행동은커녕 개인 발달에 따라 마땅히 요구되는 성숙함도 채우지 못하고 있었으니까요. 육아의 기본적인 한계설정이 이루어지지 않으니 아이는 불안하고 불안함은 울음, 떼, 고성으로 표현되는 악순환이 이어졌고 이 모든 감정을 지성이가 겪어야 했던 것은 어쩌면 자연스러운 현상이라고 이해하게 되었습니다.

'아이야, 나 때문인 것 같아 용서해 줘.'라고 시종일관 전달하는 죄책감의 목소리는 자녀에게 어떤 영향을 미칠까요?

소리로 흐르는 육아

내 안의 소리를 들어요

- 혹시, 여러분이 아이에게 '미안함'을 느끼고 있다면 그 이면엔 흐르는 마음은 무엇인가요? 좋은 엄마가 되지 못하는 두려움일까요, 아이를 걱정하는 마음일까요, 자신을 용납하지 못하는 마음일까요?
- 만약, 아이에게 매번 '미안해 미안해.'라고 말하고 있다면 이것은 아이에게 어떤 메시지를 전달하게 될까요?

_____

_____

_____

_____

_____

음악으로 채우는
즐거운 육아 레시피

등원 전쟁을 끝내는 플레이리스트

전쟁 같은 육아의 한복판에서도 아이와 함께 평안을 유지할 수 있도록 음악의 힘을 빌려보겠습니다. 육아에 할애되는 시간과 에너지를 줄이기 위해 최첨단 육아 템을 사용하듯 자녀와의 즐거운 관계를 위해 다양한 음악들을 적극적으로 활용하시기를 추천합니다. 어린 자녀와의 일과는 변화무쌍하면서도 끝없는 반복입니다. 그래서 육아가 더 힘들고 지치는 것인지도 모르겠습니다. 최근 부모 상담을 통해 알게 된 것은 생각보다 많은 부모님들께서 자녀의 아침 등원을 '전쟁'으로 표현하신다는 것입니다. 이유는 각 가정의 형편이 모두 다르기에 일반화할 수 없겠지만 공통된 것은 많은 부모님들이 자녀들을 시간 맞춰 기관에 등원시키는 것을 매우 힘들어하신다는 것입니다. 아이들의 몸을 움직여 제시간에 등원할 수 있도록 이끄는 음악 플레이리스트를 추천합니다. 어떤 마술이냐고요? 마술이 아닌 특정 음악과 행동을 연합시켜 뇌에 저장하는 것입니다. 마치 군대의 기상 송처럼 말입니다.

활용방법

① 아침 루틴 설정하기

– 등원하기까지 아이가 수행해야 하는 일들을 순서대로 나열합니다. (예: 기상→ 세면→옷 입기→ 식사→ 나가기)

② 음악 선택하기

– 기상, 세면, 옷 입기 등 각각의 상황에 어울리는, 아이와 부모 모두가 듣기 좋은 음악을 선택합니다. 유튜브에 검색어만 잘 선택하면 양질의 유아 음악들을 많이 들을 수 있습니다.

(예: △엄마의 속삭임(기상) 잠들어 있는 아이를 깨울 때는 심박수와 비슷한 60bpm의 잔잔하고 편안한 음악으로 시작합니다. △양치는 파티처럼(세면:QR코드로 음원 제공) 씻는 시간을 즐겁고 신나는 놀이처럼 느낄 수 있도록 100bpm 속도의 경쾌한 음악을 골라봅니다. △아침 먹방 송(식사) 100bpm 정도의 밝은 곡으로 특별히 아이가 좋아하는 곡으로 선택합니다. 밥 먹기 힘든 아이라면 음악 감상과 함께 먹방 찍는 것처럼 아이의 얼굴이 보이도록 카메라를 설정하고 동영상을 촬영해 보는 것도 소소한 팁입니다. △신

소리로 흐르는 육아

발 신고 달려(나가기) 140bpm의 가장 활기차고 씩씩한 행진곡풍의 음악으로 마무리합니다.)

③ 과제+음악+긍정적 기억 연합시키기

– 기상하기 전 선택한 음악을 플레이 한 후 '일어나자, 신나는 하루가 시작됐어.'의 기분을 느낄 수 있도록 부모의 부드러운 목소리와 터치로 아이를 깨웁니다. 음악 플레이를 시도하는 초기에는 아이의 감정과 의견을 충분히 수용해 주며 과제와 음악, 긍정 기억이 연합되어 저장되도록 지도해 주셔야 합니다. 들리는 음악 소리는 잔잔하고 평화로운데 부모의 입에서 나오는 소리는 두렵고 무섭다면 음악의 힘이 발휘될 수 없습니다. 계획된 행동을 수행했을 땐 반드시 부모의 따뜻한 정서적 격려도 연합되어야 합니다. "음악을 들으며 일어났더니 행복하게 일어나는구나, 등원하기 전까지 모든 일과를 잘 마쳐서 ○○가 대견하고 엄마는 너무 기뻐(엄지척)."

④ 반복하기

– 아이가 수행해야 할 과제와 긍정적 기억, 그리고 음악을 연합하여 반복합니다. 한두 번, 1~2주든 시도해 보고 안 된다고 포기하지 마십시오. 적어도 30일 이상 일관되게 유지하셔야 아이들에게 인식됩니다. 이러한 방법이 안정적으로 정착된다면 일정 기간 이후에는 음악듣기만으로도 어떤 과제를 해야 하는지 아이가 인지

하게 되고 달콤한 강화제 없이도 자연스럽게 과제를 수행하도록 이끌어줄 것입니다. 이 방법은 잠자리 루틴에도 동일하게 적용할 수 있습니다. 아침과 반대되는 행동을 루틴화하고 점점 더 느려지는 템포의 곡을 설정하여 아이의 몸이 이완될 수 있는 음악을 선택하시면 됩니다.

 양치는 파티처럼! 아침 양치 시간을 즐겁고 흥겹게 만들어 주는 경쾌한 사운드

소리로 흐르는 육아

♫

클래식부터 국악까지 음악 안책

아이들에게 다양한 음식을 골고루 먹여 영양소의 균형을 맞추는 것처럼 음악도 다양한 음악을 들려주는 것이 건강한 전인적 정서 발달에 유익합니다. 그러나 바쁜 일상 속 먹이고 씻기고 치우기에도 바쁜데 다양한 장르의 음악을 골고루 들려준다는 것이 생각만큼 쉽지 않지요. 아름다운 음악을 들려주고자 하는 부모의 의지만 있다면 조금의 노력만으로도 아이들의 몸과 마음이 지금보다 훨씬 더 풍요롭고 균형 있게 성장할 수 있습니다. 특정 장소에서 들을 수 있는 음악을 설정해 보면 어떨까요? 장소는 규칙적이고 지속적으로 방문하는 곳일수록 좋습니다. 마치 명절마다 외할머니댁에 가면 늘 손만두를 먹었던 기억처럼 그곳에서만 들을 수 있는 음악 설정은 육아 일상을 조금 더 특별하게 만들어줄 것입니다. 그런데 막상 어떤 음악을 골고루 들려줘야 할지 막막하시죠? 아이들이 자주 이용하는 키즈 카페나 실내 놀이터에서도 자극적인 EDM 음악뿐이니 다채로운 음악을 들려주기가 여간 어려운 일이 아닙니다. 특히 클래식을 의도적으로 노출하는 건 더더욱 어려운 일이죠. 부모들도 클래식에 대해 잘 모르거든요. 저도 그렇습니다. 아래 방법은 저희 아이들이 어렸을 때 제가 사용했던 방법입니다.

활용방법

아이들이 어렸을 때 매주 일요일 오전 10시대와 오후 4시대는 이동을 위해 차 안에 있었습니다. 긴 이동 시간으로 인해 칭얼거리고 떼를 썼고 뒷자리에선 형제가 실랑이를 벌이는 일은 다반사였죠. 그래서 저는 라디오를 켰습니다. KBS 클래식FM 93.1MHz를 활용해 양질의 클래식을 들려주었습니다. 오전 10시엔 유명 작곡가들의 익숙한 클래식을 들을 수 있었고 오후 4시엔 국악 연주를 들을 수 있습니다. 음악을 들으며 아이들과 악기 맞추기 놀이도 했고 익숙한 멜로디 패턴이 반복될 때는 따라 부르기도 했으며 가끔 아는 곡이 흘러나오면 지휘자 놀이도 했습니다. 특별히 오후 4시 국악연주는 저에게도 생소하고 신기한 소리였기에 집중해서 들었고 너무 집중하다 못해 잠이 든 적도 여러 번 있었습니다. 현재는 아이들이 많이 성장해서 주파수를 바

소리로 흐르는 육아

꿔 CBS 표준FM 98.1MHz를 통해 매주 일요일 오전 재즈를 듣고 있습니다. 그룹 잔나비가 2023년에 발표한 〈pony〉는 현대 자동차와 콜라보 한 곡으로 작곡자인 최정훈 씨의 어릴 적 기억에서부터 시작됐다고 합니다. 엄마가 운전하시는 자동차 뒷자리에 앉아 엄마가 좋아하셨던 음악을 같이 들었던 유년 시절의 추억이라고 하는데요, 뒷자리에 앉아서 바라본 엄마의 모습, 엄마의 첫 차에 대한 이야기들을 상상하며 곡을 썼다고 합니다. '더 나은 미래를 향해 그녀는 떠나.'라는 가사가 뒷자리에서 바라본 엄마의 모습인가 봅니다. 공교롭게 어릴 적 저희 집 첫 차도 포니였는데 차 안에서 엄마 아빠 취향(대부분 찬송가)의 음악을 자주 들었습니다. 자동차는 우리가 인식하지 못할 만큼 자연스럽게 음악을 만나고 느끼며 추억할 수 있는 공간인가 봅니다.

규칙적으로 방문하는 장소가 있다면 그 장소에 가는 동안 들을 수 있는 음악, 그 장소에서 즐겨 들을 수 있는 음악들을 미리 준비해 보십시오. 음악이 주는 분위기, 뉘앙스, 가사가 전달하는 의미와 정서적 감흥까지 아이들과 부모 모두에게 특별한 선물이 될 것이며 인생을 살아가는 동안 정서적으로 큰 힘이 되어줄 것입니다.

♪

특별한 우리 집 음악 달력

기념일, 명절, 국경일, 휴가와 같이 특별한 날은 지루한 일상에 활력을 줍니다. 특별한 날로 인해 경제적, 심리적 부담이 되는 것도 분명하지만 이런 날 하루도 없이 매일 똑같은 날을 보내야 한다면 그것 또한 고역일 것입니다. 가족들의 생일, 부부의 결혼기념일, 추석, 설, 어린이날, 크리스마스, 국경일 등 우리 집, 우리나라의 특별한 날, 세계적인 기념일엔 스페셜 음악으로 채워보십시오. 각별히 생일은 어떠한 조건 없이 주인공을 마음껏 축하하고 축복하는 날로, 케이크나 미역국, 선물 등이 자연스럽게 준비되는 날입니다. 수백 년째 똑같은 생일축하 노래 대신 우리 집만의 특별한 축하 음악을 재생해 보면 어떨까요? 생일 주인공이 좋아하는 노래라면 더할 나위 없겠지요. 음악 한

소리로 흐르는 육아

스푼 첨가한 그날에 대한 기억은 훨씬 더 아름답고 진하게 간직될 것입니다.

활용방법

특별한 날에 어울리는 몇 곡을 소개합니다.

주제	자녀를 위한(유아~초등)	부모를 위한
생일	〈모두다 꽃이야〉 류형선 〈너는 꽃이야〉 히즈플랜	〈브라보 마이라이프〉 김종진 〈엄마 아빠에게〉 장선예키즈뮤직
국경일	〈한국을 빛낸 100명의 위인들〉 박문영 〈독도는 우리 땅〉 박인호	〈단지동맹〉 뮤지컬 영웅 중
결혼 기념일	.	〈상록수〉 김민기 〈오르막길〉 윤종신 〈감사〉 김동률
명절	〈한가위 밝은 달〉 윤보영 작사, 설재호 작곡 〈설날〉 윤극영	
계절	• 봄: 〈나비야 날아〉 김진영 • 여름: 〈싱그러운 여름〉 박은주 작사, 석광희 작곡 • 가을: 〈예쁜 가을아 안녕〉 박윤희 작사, 문 은정 작곡 • 겨울: 〈겨울이 참 좋아〉 로티프렌즈	• 봄: 〈개화〉 조원상 • 여름: 〈파도〉 김영아 작사, 윤일상 작곡(폴킴 버전) • 가을: 〈시간과 낙엽〉 이찬혁 • 겨울: 〈눈 feat.이문세〉 Slom, 윤석철

♪

목소리로 재망한 아이의 순간

어린아이를 양육하는 부모라면 지금 스마트폰을 열어 자녀의 영상과 사진이 얼마나 저장되어 있는지 확인해 보십시오. 아마도 스마트폰 전체 용량의 반 이상을 차지하고 있을 겁니다. 부모들은 아이들의 예쁘고 찬란한 어린 시절의 그 순간을 영원토록 간직하고 싶어 하니까요. 육아에 지쳐 너덜너덜해진 몸일지라도 낮에 까르르 웃던 아이의 웃음이 담긴 짧은 영상에 다시 한번 힘이 불끈 솟는 것이 부모입니다. 이제는 영상 대신 아이들의 목소리를 저장해 보십시오. 시각적 자극 없이 오로지 청각에만 집중할 수 있는 또 다른 차원의 기억입니다. 시간이 흐를수록 달라지는 목소리의 톤과 질감, 발음, 소리의 느낌을 통해 아이가 성장하고 있다는 것을 청각적으로 느낄 수 있는 소중한 재산이 됩니다.

　아들의 목소리를 녹음하게 된 계기는 어린 둘째를 재우기 위해 첫째의 목소리를 활용하려는 의도에서부터 시작되었습니다. 신생아는 왜 이리 안 자는지 토닥토닥 등을 두드리는 것도 힘에 겨워 첫째에게 동생을 재우는 멘트를 부탁했고 매일 사용하기 위해 리코딩을 했습니다. 지친 엄마 대신 씩씩한 형아 목소리를 들려줘야겠다는 나름의 꼼수이기도 했지요. 그런데 이때 둘째의 색색거리는 숨소리와 알 수 없는 옹알이 소리가 함께 녹음됐던 것입니다. 첫째가 자기 목소리를 듣고 싶었는지 "엄마 그거 들어보자."라고 말한 덕분에 녹음된 내용을 수차례 반복하여 듣다가 알게 됐습니다. 첫째는 휴대폰에서 흘러나오는 본인 목소리를 들으며 이상하고 신기하다며 반복해서 들었습니다. 한두 번 들을 땐 들리지 않았던 소리들이 여러 차례 반복해서 들으니 주변 소음, 저의 숨소리, 옷이 바스락거리는 소리, 큰아이가 움직이는 발소리 등 다양한 소리들이 들렸고 그때 그 순간을 상상하고 떠올리게 됐습니다. 그 후로 주기적으로 음성 메모 앱을 켜 둘째의 옹알이 소리, 첫째가 노래하는 소리, 아빠에게 하고 싶은 이야기 등을 의도적으로 녹음했습니다. 아이들은 가르쳐주지 않아도 어떻게 스마트폰 조작을 척척 해 내는지, 네 살이었던 첫째가 스스로 스마트폰을 열어 본인이 하고 싶은 말, 부르고 싶은 노래를 녹음했고 동생에게 하고 싶은 말들도 여러 개 파일로 저장해 두었더군요. 10여 년 전 그 녹음 파일이 아직도 스마트폰에 남아있고 초 5학년인 둘째는 아직도 본인의 옹알이 소리, "엄마"를 말하기 전 "마마마마"라고 반복하는 소리를 들으며 즐거워합니다.

변성기 이후로 예전 목소리가 기억나지 않는 큰아들의 영유아시기, 초등시기 목소리도 언제든지 버튼만 누르면 들을 수 있기에 엄마인 저에게도 매우 귀한 재산입니다. 특히 아들이 사춘기를 마주하며 대화가 줄고 우리의 관계가 예전만 못한 것 같아 서글픈 날에 큰아이의 어릴 적 짱짱했던 목소리를 들으면 어느새 미소가 지어지고 저도 모르게 눈에서 물이 흐르기도 합니다.

동영상은 여러 가지 감각을 동시에 통합적으로 사용해야 하는 자극입니다. 쉽게 이해하고 판단할 수 있다는 장점이 있지만 집중력과 상상력을 자극하기엔 부족합니다. 그러나 오로지 청각에만 집중하게 되는 목소리는 그때의 장소, 상황, 환경, 감정, 생각, 냄새까지도 떠올리도록 이끄는 장점이 있습니다. 청각적 집중력 발달에 매우 효과적이지요. 처음 들었을 때 들리지 않던 소리들도 반복해서 들을 때마다 새롭게 들리기도 하고 당시엔 알지 못했던 사실들을 알게 되면서 새삼 또 다른 감정이 느껴지기도 합니다. 저와 아이들의 기억이 서로 다를 땐 추억을 맞추기 위해 아이들과의 대화가 자연스럽게 늘어나기도 합

소리로 흐르는 육아

니다. 아이들은 기억하지 못하는 어린 시절 본인의 목소리를 통해 자신의 존재를 실제적으로 인식하게 되고, 자신이 얼마나 사랑받고 존귀한 존재인지 목소리를 통해 느끼게 됩니다. 목소리 녹음은 오직 소리만을 통해 엄마 아빠의 애틋함을 직접적으로 느낄 수 있는 통로가 됩니다. 저는 아들의 어릴 적 목소리 파일을 소중히 저장해 두었다가, 아들이 결혼하기 전날 육아일기와 함께 선물하려고 합니다.

활용방법

① 소리 녹음하기

- 자녀가 어리면 어릴수록 좋습니다. 아직 말을 하지 못하는 때부터 기록하는 것이 좋습니다. 아이가 말하기 이전 내는 옹알이, 숨소리, 옷깃이 스치는 소리, 부모가 아이를 위해 움직이는 소리, 준비하는 모든 물건들이 부딪히는 소리, 계절을 알 수 있는 소리 등 아이를 위한 모든 소리가 의미 있습니다.

② 목소리 녹음하기

- 말을 할 수 있게 되면 한 단어 '엄마', '아빠', '함미' 등 가족들을 지칭하는 단어들을 말할 때 저장합니다. 그리고 두 단어, 세 단어를 말하게 되는 과정도 녹음해 두면 아이의 성장이 소리로 보이게 됩니다.

③ 노래 녹음하기

- 개인차가 있겠지만 대략 20개월 정도 되면 스스로 노래할 수 있습니다. 어린이집에서 배운 노래, 집에서 자주 불러주었거나 들려주었던 노래들을 아이들이 부를 때 음성메모 앱을 켜서 슬며시 곁에 두십시오. 아이들도 모르게 녹음된 노래 파일들은 족히 15년 이상 매우 가치 있게 사용될 것입니다.

④ 부모 목소리 녹음하기

- 때로는 육아에 지쳐 삶에 지쳐 의도치 않게 아이에게 부정적 정서를 흘려보낼 때가 있습니다. 아이는 쏜 화살처럼 성실히 성장하고 있는데 부모는 매일매일 성실하기가 여간 어려운 일이 아니죠. 그런 날 아이에게 하고 싶은 말, 전하고 싶은 마음을 리코딩해보십시오. 녹음할 땐 오글거려도 내 아이에겐 최고의 선물입니다. 수십 년 뒤 나에게도 예상치 못한 젊은 날의 나를 추억해 볼 수 있는 감동적인 서사가 될 것입니다.

부록2

마음의 온도를
높이는 행복한
육아 꿀팁

말보다 더 큰 눈빛의 선물

부모는 아이들을 키우며 다양한 양육 기술을 시행합니다. 가장 간단하고도 손쉽게 쓸 수 있는 기술 중 하나가 칭찬이지요. 그러나 이 칭찬을 너무 많이 해도, 너무 안 해도 문제가 되니 말처럼 쉬운 일만은 아닙니다. 요즘처럼 육아 정보와 기술이 넘쳐나는 시대는 학자마다 교수마다 칭찬에 대한 장단점을 이야기하고 약과 독이 되는 다양한 견해들을 내놓기에 오히려 혼란스럽기까지 합니다. 부모들이 실수하지 않고 칭찬할 수 있는 방법을 소개합니다. 언어적 반응이 아닌 비언어적 반응입니다.

먼저 주의해야 할 칭찬 방법을 알아볼까요? 잘 알고 계시겠지만 어떤 일에 대한 결과물, 타고난 외모나 재능에 대한 과한 칭찬 등은 바람직하지 않습니다. 예를 들어 90점 시험지를 들고 온 아이에게 "이번 시험을 준비하면서 네가 얼마나 노력하고 애썼는지 엄마가 알아! 너무 대견하고 기특해."라고 말하며 아이의 과정을 인정해 주면 충분합니다. "90점이야? 다른 애들은? 90점 받은 애 또 있어? 없어? 100점 받은 애는?" 굳이 물어볼 필요가 있을까요. 그림을 가져온 아이에게 "와 ~ 이 그림 좀 봐. 우리 딸 화가네 화가야! 너무 똑같이 그렸다."라고 과장된 표현도 불필요합니다. 초등 2학년만 되어도 스스로 화가가 될 실력인지 아닌지, 실물과 똑같은지 아닌지 누구보다 본인이 제일 잘 압니다. 또한 발달 성숙도에 따라 마땅히 해야 할 일도 칭찬하지 않습니다. "세상에, 우리 아들이 스스로 이를 닦고 학교 갈 준비를 다 했네. 놀랍구나." 초등학생이라면 1학년부터 등교를 위해 해야 할 일을 스스로 하는 것은 당연한 일이지 칭찬받을 일이 아닙니다. 스티커와 같은 보상을 주고 싶을 때도 현재 아이의 기능 수준보다 살짝 높은 단계를 성취할 수 있도록 자극을 주는 용도로 사용하는 것이 효과적입니다. 유치원생 아이에게 장난감 정리하면 스티커, 유치원 가면 스티커를 주는 것은 보상받을 일이 아닌 그 나이와 발달단계에 따라 마땅히 수행해야 할 일입니다. 마지막으로 '잘했어.'의 늪입니다. 부모들이 칭찬할 때, 할 말 없을 때, 귀찮을 때, 가장 많이 쓰는 말 '잘했어.'입니다.

"엄마 이거 봐."

"어~ 잘했어."

소리로 흐르는 육아

"엄마, 내가 이거 혼자서 조립했다."

"응~ 잘했어."

"엄마, 학교에서 만든 거야."

"(보지도 않고)그래. 잘했네."

이렇게 칭찬 한 번 하는 것도 고려해야 할 것이 많으니 너무 어렵습니다. 효과적인 칭찬, 언어적 반응 대신 비언어적 반응을 해보시는 건 어떨까요? 어렵지 않습니다. 감탄만 하시면 됩니다.

(눈을 동그랗게 뜨고 두 손을 펼쳐 입에 대며 소리 없이 입 모양으로)'우와!'

(양손을 번쩍 들고 좌우로 흔들며 입 모양은)'뷰티풀!'

(엄지척을 하며 입 모양은)'꺅!'

(두 발을 동동 구르며 입 모양은)'세상에나!'

입 모양도 힘드시다면

(아무 말 없이)손가락으로 오케이 모양 하기

(아무 말 없이)엄지척하기

(아무 말 없이)양손 손가락 두 개로 ㅜ.ㅜ 만들기

(아무 말 없이)손 하트 만들기

(아무 말 없이)품에서 손가락 하트 꺼내 보여주기

비언어적 칭찬의 중요 포인트는 부모님의 표정과 제스처입니다. 눈을 크게 뜬다거나, 입을 크게 벌린다거나, 팔짝팔짝 뛴다거나 가끔은 정성 들인 댄스 등의 반응 말입니다. 메라비언의 법칙을 아시나요? 미국 캘리포니아대학교 심리학과 명예교수이자 심리학자인 앨버트 메라비언Albert Mehrabian, 1939~이 발표한 이론으로 상대방에 대한 인상이나 호감을 결정하는 데 있어서 목소리는 38%, 보디랭귀지는 55%의 영향을 미치는 반면, 말하는 내용은 겨우 7%만 작용한다는 것입니다. 즉, 효과적인 소통에 있어 말보다 비언어적 요소인 시각에 의해 더 큰 영향을 받는다는 것입니다. 언어적 커뮤니케이션보다 비언어적 커뮤니케이션이 훨씬 더 많은 영향을 미친다는 이야기죠. 무엇을 말할까 보다는 어떻게 말할까를 염두에 둔 표현방식입니다. 칭찬의 내용(결과물, 성적, 성취)이 중요한 것이 아니라 아이의 행동에 대한 부모의 감정과 이 감정을 전달하는 방식이 우선되어야 합니다.

저는 표정이 많은 편입니다. 어릴 때부터 웃기는 걸 좋아해서 개그맨 흉내도 잘 냈고 어떻게 하면 좀 더 웃길까 연습하고 연구하기도 했습니다. 저의 강점이지요. 그래서인지 교실에서도, 저희 아들에게도 비언어적 메시지를 훨씬 더 많이 씁니다. 저와 아이들 사이에 쌓인 비언어적 메시지의 내공은 아이들 공개 수업 때 큰 효과를 발휘합니다. 공개수업 때는 내 아이의 모습을 큰 소리로 칭찬할 수도 없고 멀리 있기 때문에 말해도 들리지 않습니다. 그러나 아이는 수업 시간 자신의 활약에 대해 부모에게 인정받고 싶고 뽐내고 싶어 하지요. 아이들과 부모 모두에게 이런 기회를 제공해 주는 현장이 학부모 공개수업이기도 하고요. 아이가 발표를 하고 나서 자리에 앉은 뒤 살짝 고개를 돌려 저를 바라보고 눈이 마주쳤을 때 전 엄지척과 오케이 사인을 손가락으로 작게 보여주곤 했습니다. 아이와 저만 알 수 있는 미소까지 포함해서요.

감탄은 인간의 본능입니다. 모든 부모들은 갓난아기였던 자녀를 보며 셀 수 없이 많은 순간 감탄했습니다. 인간은 갓 태어나 가장 연약하고 아무것도 할 수 없었던 그때, 그 첫 모습을 감탄해 준 한 사람 덕분에 지금까지 삶을 이어올 수 있었습니다. 자녀가 이 땅에 존재하던 첫 모습을 떠올려보고 그 순간의 감격과 감사도 되살려 보십시오. 육아 현장에서 칭찬하기 조심스럽다면 비언어적 소통인 다양한 수신호와 함께 감탄사만 표현하시면 됩니다. 내 아이와 나만 알 수 있는 약속된 행동 몇 가지를 정해둔다면 금상첨화겠죠?

자녀와 약속한 비언어적 수신호 그려보기

붙임쪽지 한 장이면 짜존감 뿜뿜!

　아이를 잘 키운다는 것은 무엇을 의미할까요? 가정마다 부모마다 각자 다른 의견이 존재하겠지요. 저에게 아이를 잘 키운다는 것은 좋은 관계를 유지하는 것입니다. 학령기인 지금뿐 아니라 아이들이 장성하여 가정을 이루고 손자 손녀가 태어나는 그날까지 내 아이들과 좋은 관계를 이어가는 것입니다. 사실 저는 '키우다.', '가르치다.', '치료하다.' 이런 말들 좋아하지 않습니다. 굳이 이유를 언급하자면 이런 단어들의 느낌은 뭔가 상급자가 하급자에게 수직적 구조를 이용하여 일방적으로 기술이나 개념을 하달한다는 느낌이 들기 때문입니다. 또 사람과 사람은 같은 급의 존재일진대 어떻게 같은 종끼리 서로를 변화시킬 수 있을까라는 의심도 듭니다. 교사라는 이유로, 오래 살았다는 이유로, 관련 지식이 많다는 이유로, 나이가 많다는 이유로 다른 사람의 의견이나 생각, 특히 창의적 사고를 무시하거나 방해해서는 안 된다는 생각이 더 알맞은 설명이 되겠네요. 마찬가지로 부모라는 이유만으로 자녀를 막 대하거나 인격을 무시하거나 강압적인 방법의 굴복을 요구해서는 안 됩니다. 그래서 저는 이적 씨 어머니 박혜란 선생님이 쓰신『믿는 만큼 자라는 아이들』중에서 '나는 자녀를 키우지 않았다. 믿었더니 자랐다.'라고 말씀하시는 뉘앙스와 깊은 의미를 너무나 공감하고 좋아합니다.

부모 자녀 사이의 마음의 온도를 높이기 위한 육아 꿀팁 두 번째는 붙임쪽지를 사용한 자존감 높이기입니다. 아이가 하는 말들을 유심히 듣고 그중에서 발췌하여 붙임쪽지에 쓰고 집 안 곳곳에 붙여두면 끝입니다. 너무 간단하죠? 하루에도 수십 마디 대화가 오가는 아이와의 상호작용에서 생각보다 유의미한 순간들이 많습니다. 부모가 기억하지 못하고 포착하지 못했을 뿐이죠. 붙여 두라는 것의 의도는 모든 가족들이 볼 수 있게 하여 아이의 생각을 자랑스럽게 여겨주시라는 것과 너의 생각이 보관할 만큼 소중하다는 존중, 그리고 그 생각을 부모로서 기억하겠다는 의지를 표현하는 것입니다. 이 방법은 부모 자녀 사이의 관계를 단단하게 함은 물론 아이의 자신감과 자존감을 높여주는 활동이기도 합니다. 내 말을 우리 엄마가 소중하게 생각해 주고 잊어버리지 않으려고 붙여두었고 이것을 다른 가족들이 모두 언급하며 긍정적인 반응을 보인다는 것은 아이 편에선 평생 간직하고 싶은 느낌일 것입니다. 이 방법은 아이가 말을 할 수 있을 때부터 시작할 수 있습니다. 더 효과적인 시기를 찾자면 아이가 글자에 관심을 가질 때, 조금 더 욕심낸다면 아이가 글을 읽을 수 있을 때입니다. 개별차가 있겠으나 대략 3세 이상부터 사용할 수 있습니다. 예를 들어볼까요?

6세 유치원생과의 대화

"엄마, 오늘 내가 블록으로 자동차를 만들었는데 친구가 예쁘다고 했어."

"(눈을 크게 뜨고 엄지척한 후)오! 그래? 기분이 어땠어?"

"좋았지~"

"엄마도 이렇게 좋은데 너는 얼마나 좋겠니!"

이런 대화가 오갔다면 아래와 같이 붙임쪽지에 써서 냉장고나 현관문, 차 안에 붙입니다. 마지막에 엄마의 감정도 덧붙이면 더욱 좋습니다.

유치원에서 우리 ○○가 블록으로 자동차를 만들었는데 친구가 예쁘다고 칭찬했다고 함. ○○는 정말 블록 박사인가 봐. ○○로 인해 행복한 엄마. :)

– 2024. 2. 7 –

작은 쪽지 붙이기는 아이로 하여금 '단지 유치원에서 있었던 일을 말한 것뿐인데 엄마가 나의 이야기에 귀를 기울여 주네(자존감), 또 나를 블록 박사라고 인정해 주네(효능감), 기분 좋다(행복함), 다음에도 또 엄마한테 말해야지(정서적 관계).'와 같이 부모와의 건강한 정서적 관계를 형성하게 합니다.

9세 초등학생과의 대화

"엄마, 오늘 학교에서 지진 대피를 했는데 지진이 나면 무조건 나가는 게 아니래. 흔들림이 멈출 때까지 잠시 기다렸다가 멈추면 밖으로 나가는 거래."

"진짜? 엄만 몰랐네."

○○이가 알려줬는데 지진이 나면 무조건 대피하는 것이 아니라 지진이 멈출 때까지 잠시 대기했다가 그다음에 대피하는 것임! 가족 여러분! 아셨죠? ○○ 덕분에 지진 나도 우리 가족은 전원 생존 왜! 최고. ○○로 인해 안전한 엄마. :)
– 2024. 6. 7 –

초등 저학년이 되면 학교에서 실시하는 다양한 체험 활동들로 인해 이런 이야기 자주 하게 됩니다. 교과 이야기보다는 창의적 체험활동이나 안전교육, 여러 가지 예방 교육 등 학교에서 경험한 내용들을 생각날 때마다 이야기하죠. 아이가 열심히 이야기했을 때 "어."하고 끝내거나 "엄마도 다 알아."라고 김빠지게 하지 마시고 맞장구 한 번 쳐주시면 좋겠습니다. 에너지가 남아있다면 간단히 메모하여 현관문에 붙여 주십시오. 아이에겐 평생 기억하게 될 부모와의 행복한 관계경험이 될 것입니다.

14세 중학생과의 대화

"교과목 선생님 중에 제일 인기 많은 샘 있어?"

"사회 샘?"

"왜~?"

"뭔가. 그냥 애들한테 인기 많아. 그 뭐냐 그 뉴스 같은 것도 자주 얘기해 주시고 세상 돌아가는 것에 대한 얘기 같은 거 잘해주셔."

"결국 수업 안 해서 좋다는 거 아니야? 하하."

"아니, 꼭 그런 건 아닌데. (갑자기) 아, 근데 이번 시험 사회가 젤로 어려웠어. 애들 다 망함."

우리 ○○는 사회 샘이 제일 좋다고 함. ○○가 중학교 생활에 잘 적응하고 있다는 것을 알았음. 역시ᄊ 엄마 아들임. ○○가 기특한 엄마. :)
– 2024. 8. 3 –

이 방법은 자녀가 성인이 될 때까지 얼마든지 적용할 수 있습니다. 아이들의 말을 적으려면 먼저 잘 들어야 합니다. 쓸데없는 말이라도 엄마가 지혜롭게 알아차리실 수만 있다면 문제없습니다. 이제 자녀와 행복한 관계를 맺기 위해 우리는 붙임쪽지만 준비하면 됩니다.

오늘, 자녀가 한 말 중 기록하고 싶은 말은 어떤 것이 있나요?

소리로 흐르는 육아

머리부터 발끝까지 사랑으로 적시는 날

'칭찬 샤워'는 제가 십여 년 전 유치원 6세 담임을 맡았을 당시 아이들을 위한 생활지도 차원에서 만든 말입니다. 당시 저희 반 아이들 사이에서 좋은 아이, 나쁜 아이, 인기 많은 아이, 인기 없는 아이가 눈에 띄게 구분되는 경향이 있었습니다. 당연히 아이들 사이에서도 또래 간 역동이 존재하기 때문에 이런 현상이 무조건 잘못됐다고 말할 순 없습니다. 하지만 아직 여섯 살임에도 불구하고 겉모습만으로 친구를 판단하고 평가하는 듯한 분위기가 반 전체적으로 조성되어 걱정스러웠습니다. 그래서 제가 고안한 방법이 '칭찬 샤워'입니다.

샤워란 머리부터 발끝까지 물을 흠뻑 적셔 몸을 씻는 행동인 것처럼 친구가 머리부터 발끝까지 흠뻑 젖도록 칭찬하자는 의미입니다. 칭찬 샤워는 아이들과 교사의 역할이 분명하게 나뉩니다. 반 아이들은 앞으로 초대된 주인공 친구의 장점을 하나씩 말하는 것이고 교사는 칭찬 카드에 빠르게 적어 귀갓길에 주인공 친구 목에 걸어주는 것입니다. 이 활동은 모든 아이가 한 번씩 주인공이 되어 친구들이 자신을 칭찬하는 내용, 목소리, 표정, 제스처, 분위기 등을 흠뻑 느끼도록 해주는 것이 핵심입니다. 칭찬 내용을 카드에 적어주는 이유는 주인공 친구가 오래도록 간직하라는 의미도 있지만 주인공의 부모님께도 이 마음을 공유하기 위함입니다. 내 아이가 유치원에서 어떤 존재인지, 또래들이 생각하는 아이는 어떤 느낌인지 함께 느끼시길 바랐습니다. 다행히 아이들과 부모님들의 반응은 뜨거웠고 칭찬 카드를 목에 걸고 하원하는 아이를 볼 때마다 다른 부모님들도 자발적으로 주인공 아이를 칭찬해 주는 일거양득의 효과도 볼 수 있었습니다. 이와 같은 방법은 우리 집에서도 얼마든지 활용할 수 있습니다. 칭찬을 남발하는 것 역시 조심스러운 일이기에 일 년에 한 번, 가족의 생일날 축하와 함께 칭찬 샤워를 해주는 겁니다. 평소라면 잘하지 않을 칭찬을 마음껏 할 수 있도록 판을 깔아주는 거지요. 칭찬 샤워하는 날만큼은 엄지척과 같은 비언어적인 메시지와 함께 언어적 칭찬도 마구 해주시고요. 칭찬 내용을 한가득 적어 생일 주간 동안 집안에 게시하는 것도 좋습니다. 특별히 칭찬 샤워는 부모님 생일에 자녀가 엄마 아빠를 칭찬할 수

소리로 흐르는 육아

있는 최고의 기회입니다. 평소엔 아이가 부모님을 칭찬할 수 있는 찬스나 거리가 마땅치 않으니까요. 그러나 아이들도 분명 부모님의 어떠한 모습을 칭찬하고 싶은 마음이 있습니다. 그 마음을 여과 없이 펼칠 수 있도록 기회를 주는 거죠. 칭찬 샤워는 당사자의 마음뿐 아니라 칭찬하는 우리 모두의 마음도 깨끗하게 해주니까요.

배우자의 생일날, 어떤 내용의 칭찬 샤워를 해주고 싶은가요?

♫

내 아이를 위한 교일 속 비밀 정원사

자녀를 키우며 부모들은 셀 수없이 다양한 사건 사고를 만나게 됩니다. 아이가 어릴 땐 대체로 건강과 관련된 이슈가 많습니다. 잦은 감기부터 시작해서 수족구, 코로나, 구내염, 독감과 같은 감염병. 또 중이염, 아토피 피부염과 같은 염증성 질환들로 인한 어려움도 자주 겪게 됩니다. 자녀가 초등학교에 들어가게 되면 또래관계와 감정표현 등 사회생활에 대한 어려움이 시작됩니다. 학교 친구들과의 갈등, 선생님과의 갈등, 또 문제 행동이나 단체생활 적응과 관련된 이슈들이 쟁점으로 떠오릅니다. 본격적인 학습이 시작되는 중학생 이후부터는 학습에 초미의 관심을 두게 됩니다. 그렇다고 공부 외의 것은 접어두어도 괜찮을까요? 아니요. 전혀 그럴 수 없습니다. 간과할 수 없는 사춘기가 기다리고 있고 학교폭력이라는 예민한 사안도 무시할 수 없습니다. 아이들의 몸과 마음에 대해 예측할 수 없는 수많은 일들이 언제 어떻게 떠오를지 아무도 알 수 없습니다. 자녀의 신체적 정서적 발달 단계에 따라 끝도 없는 걱정과 염려들이 줄을 서 기다리고 있으니 아이 키우기 만만치 않다는 말을 입에 달고 살 수밖에 없습니다.

부모들은 자녀의 갑작스러운 행동을 마주할 때마다 당황스럽고 불안하며 위축됩니다. 이전에 경험해 본 일이라 할지라도 막상 눈앞에 벌어지는 내 아이의 모든 일은 늘 새로운 일처럼 느껴집니다. 첫째 아이가 겪었던 일이라 해도 둘째가 또다시 겪는 문제는 여전히 낯설고 어렵습니다. 여러분은 이러한 숱한 어려움을 마주할 때마다 어떻게 하셨나요? 혼자 힘으로 극복하셨나요? 도움을 청하셨나요? 누구에게 도움을 청하셨나요? 주변 엄마들에게 물어보셨나요? 전문가를 찾아가셨나요? 가장 만만한 인터넷 검색창에 의존하셨나요?

우리 아이와 가장 가까운 곳에 있는 최고의 전문가를 소개합니다. 그분은 아이의 담임 선생님입니다. 내 아이가 당면한 문제를 제일 잘 아는 분은 바로 담임교사입니다. 아이의 전반적인 발달과 객관적 학업 성취, 예민한 정서 상태와 행동, 또래관계까지 담임교사는 알고 있습니다. 부모들은 가정에서 한 명 또는 두세 명의 자녀들을 대하지만 교사는 최소한 동일 연령의 학생 이십여 명과 먹고, 놀고, 배우며 생활하기 때문에 특정 연령에 대한 충분한 자료가 있습니다. 객관적 정보가 있다는 얘기입니다. 신체 발달, 심리 · 정서 발달, 학업성취에 대한 평균 데이터 역시 보유하고 있습니다. 이런 정보를 바탕으로 담임교사는 내 아이의 다면적 발달단계의 흐름을 읽을 수 있으며 어느 정도 예측도 가능합니다. 물론 학급에 내 아이 한 명만 있는 것이 아니기에 담임 선생님도 모든 아이들에 대해 속속들이 파악한다는 건 불가능합니다. 그러나 가정을 제외하고 가장 많은 시간을 보내는 학교의 담임 선생님 의견은 자녀를 객관적, 주관적으로 이해하고 수용할 수 있는 중요한 시각입니다.

첫째 아이가 틱이 있었을 때 담임 선생님과의 상담과 소통을 통해 틱 반응과 증상의 정도를 이해할 수 있었습니다. 아이와의 관계에서 괜한 불안감으로 서두르지 않고 일을 해결할 수 있어 큰 도움이 됐습니다. 학교생활을 상상하게 되니 가정에서 어떻게 대처하고 감당해야 할지 어느 정도 갈피가 잡혔습니다. 사춘기를 지나는 과정에서도 담임 선생님과의 소통을 통해 아이가 집에서 표현하지 않은 감춰진 감정과 정서도 알아차릴 수 있었습니다. 저도 교사로서 부모님들과 상담하며 느끼는 것은 생각보다 많은 부모님들이 자신의 아이에 대해 잘 모른다는 것입니다. 아니 아이들의 행동이 가정과 학교가 다릅니다. 아이들은 학교라는 작은 사회에서 살아남기 위해 가정에서는 가히 상상할 수 없는 행동이나 말도 하게 됩니다. 학교라는 사회 안에서 관계를 배워가며 성장하기 위해 몸부림칩니다. 이러한 자녀의 발달과 관계 대처능력을 조금이라도 엿볼 수 있는 통로가 바로 담임교사와의 소통입니다. 최근 유치원 7세 학급에 잠시 들어갔다가 매우 놀랐습니다. 초등 입학을 앞둔 아이들인데 언어발달이 현저히 지연된 아이들이 너무나 많았기 때문입니다. 한두 번 들어서는 뭐라고 말하는지 도대체 알 수 없을 정도였습니다. 발음뿐 아니라 상대방과 주고받으며 대화하는 방법조차 알지 못해 또래와 사사건건 부딪치는 일들도 비일비재했습니다. 그런데 이렇게 언어발달이 지연된 아이들 대다수가 영어학원을 다니고 있었습니다. 이 아이들 모두 울며 겨자 먹기로 학원 셔틀버스를 타고 있었습니다. 모국어도 제대로 발음하지 못하는 아이들이 왜 영어학원에 다녀야 할까요. 담임교사와의 상담 한 번이면 자녀의 발달에 대해 얼마든지 이해할 수 있을 텐데 부모들은 모르는 것일까요, 알고 싶지 않은 것일까요. 안타까운 마음뿐 입니다.

유치원 교사로서 무엇이 가장 어렵냐는 질문을 종종 받습니다. 초임 교사 때는 흥미로운 수업준비나 공개 수업, 부모 상담 등이 어렵다고 대답했습니다. 그러나 결혼, 출산, 육아를 경험하고 교사 경력 10년이 지나고 난 뒤에는 "우리 반 아이들 모두를 동일하게 사랑하는 것이 가장 어렵다."고 말합니다. 대한민국의 모든 교사들은 맡겨진 학생들에 대해 책임감과 사명감을 가지고 일합니다. 자녀의 담임교사를 신뢰하는 마음으로 일 년 동안 건강한 소통으로 관계 맺으며 협력하면 좋겠습니다. 혹여나 선생님과 오해가 생기거나 불미스러운 일이 발생하더라도 온유하고 침착한 마음으로 서로를 존중하는 태도를 잃지 않기를 바랍니다. 여러분 자녀의 성장발달을 위해 부모 다음으로 마음을 쏟는 존재가 교사임을 기억해 주셨으면 좋겠습니다. 자녀들에게 선생님과의 소통을 통해 성숙한 어른들의 인간관계 모습을 보여주신다면 더할 나위 없이 훌륭한 배움이 될 것입니다. 가능하다면 학기 중 한 번씩 이루어지는 정기상담은 반드시 참여하셔서 아이에 대한 귀한 정보도 얻으시고 선생님께 감사와 응원의 메시지도 표현해 주시기 바랍니다. 자녀가 별일 없이 잘 지내고 있다 하더라도 내 아이의 소중한 학교생활을 책임지시는 담임 선생님께 존중과 고마움의 마음을 꼭 전달해 주시기 바랍니다.

자녀의 현재 담임 선생님께 어떤 마음을 표현하고 싶은가요?

에필로그

흐름의 근원을 찾아서

저는 세 번의 치아 교정을 했습니다. 그 힘들다는 교정을 세 번씩이나 하게 된 데에는 각기 다른 이유가 있었습니다. 부정 교합이었던 저에게 치아 교합의 정도는 단순한 미용 차원의 문제가 아닌 건강에 큰 영향을 미치는 요건이었습니다.

첫 번째 치료는 치아 교정 이후 유지에 대한 정확한 정보를 받지 못해 교정 유지 장치 및 처치를 전혀 하지 못했습니다. 3년이라는 긴 시간을 참으며 애써 자리를 잡은 치아들은 교정 이후 3년 만에 언제 그랬냐는 듯 제자리로 돌아가게 됐습니다. 이것을 보완하기 위해 시작한 두 번째는 새로운 교정 방법을 시도했는데 유지기를 거쳤음에도 만족할 만한 결과를 얻지 못했습니다. 불만족스러운 표정을 짓는 저

소리로 흐르는 육아

에게 의사는 이것이 최선이라고 이야기할 뿐이었습니다. 주변에서 교정 치료를 마친 지인들을 보면 대체로 치료 이후에도 치아 배열을 잘 유지하던데, '왜 나는 힘들고 어려운 시간을 투자했음에도 만족할 만한 결과가 나오지 않는 것일까?'라는 생각에 마음고생만 늘어갔습니다. 이렇게 수년이 흐르며 또다시 부정교합으로 인한 불편을 겪었고 오랜 고민 끝에 마지막 치과 의사를 만나게 되었습니다. 두 번의 교정 치료 과정을 자세히 설명해 드렸고 여러 각도의 다양한 엑스레이 촬영 후 첫 진료를 마쳤습니다. 저는 그날, 교정 치료를 시작한 지 이십여 년 만에 새로운 진단을 들었습니다.

진단 내용은 저의 턱과 치아 모양, 턱관절, 평소 습관과 유전적 요인에 관한 것들이었는데 이전 치료에선 한 번도 들어보지 못한 내용들이었습니다. 저는 다른 사람보다 어금니를 무는 힘이 세고, 턱과 치아 모양은 음식을 씹을 때마다 아랫니가 윗니를 치는 구조라고 했습니다. 그래서 구조상 윗니는 계속해서 돌출되고 무는 힘이 센 성질 때문에 교정한 치아 배열이 쉽게 틀어질 수 있다는 것입니다. 또한 턱에 힘을 주는 습관도 치아 배열에 영향이 있다고 했습니다. 저는 제 몸임에도 알 수 없었던 뼈 모양 등의 신체적 특징과 인식하지 못하던 저의 습관을 알게 되었습니다. 무의식적으로 어금니를 꽉 무는 버릇이 불안과 연관 있다는 것도 최근에 알게 되었는데, 어금니를 무는 행동은 긴장되거나 스트레스받는 상황에서 나타나는 행동으로 부정적 감정을 야기할 수 있다는 것입니다. 제가 생각보다 스트레스에 취약하고 맡겨진 일에 과하게 걱정하여 빈틈없이 해내려는 성향들이 불안과 무관하지 않다는 것을 깨달았습니다. 이전에 사용하던 교정 유지 장치의 철사가 부러진 것도 수면 중 턱에 힘을 주고 어금니를 세게 무는 습관 때문이었던 것임을 알게 됐습니다. 마지막 교정 치료 계획을 들으며 저는 고개가 절로 끄덕여졌고 그간의 치료가 왜 만족스럽지 못했는지 수긍할 수 있었습니다. 지금은 치료 이후 4년 이상 치아 배열을 잘 유지하고 있으며 정기적으로 검진을 받고 있습니다.

우리나라 대표 전래동화『콩쥐팥쥐』이야기를 아시지요. 마음씨 고약한 계모는 팥쥐와 함께 마을 잔치에 가며 콩쥐에게 밑 빠진 독에 물을 채우라는 터무니없는 일을 시켰습니다. 콩쥐는 하루 종일 독에 물을 부었지만 구멍이 뚫린 독에 물이 찰 리 없었습니다. 이를 안타깝게 여긴 두꺼비는 독에 구멍이 났음을 알려주었고 콩쥐를 돕기 위해 자신의 몸으로 독의 구멍을 막아주었죠. 결국 일을 마친 콩쥐는 마을 잔치에 갈 수 있게 되었습니다. 콩쥐가 아무리 열심히 물을 채웠어도 독에 물이 찰 수 없었던 이유, 시간, 비용, 에너지를 들인 교정 치료가 성공적이지 못했던 이유 모두 근본적 원인을 찾지 못하고 단순히 눈에 보이는 현상에만 몰두했기 때문입니다. 구멍 난 독을 간과하고 단순히 물만 채웠기 때문입니다. 유전, 뼈 모양, 관절의 움직임, 생활 습관 등을 배제하고 눈에 보이는 치아 배열에만 관심을 두었기 때문입니다.

부모의 모든 것이 자녀에게 흘러간다는 근본적인 원리를 간과한 채 겉으로 보이는 아이의 행동, 태도, 감정만 이야기하는 것은 큰 의미가 없습니다. 부모가 자신의 인생을 돌아보며 내가 누구이며 어떤 사람인지, 어떤 가정에서 양육 받았는지 알아차릴 겨를도 없이 자녀의 결과물과 성취에 몰두하여 두려워하는 것은 정작 가장 중요한 것을 놓치고 있는 것입니다.

진정한 의미의 육아란 자녀를 통해 나의 본모습을 직면하여 좀 더 건강한 어른으로 성장하는 과정입니다. 이 위대한 여정에 여러분 주변의 아름다운 사람들과, 좋아하는 음악이 위로와 버팀목이 되길 바랍니다. 컵 안에 담긴 물에 검은 잉크 한 방울이 떨어져 물 전체가 검게 바뀌었습니다. 이 컵에 담긴 물을 쏟아 버리지 않고 다시 맑게 할 수 있는 방법이 있을까요? 그것은 검은 물이 맑게 될 때까지 깨끗한 물을 끊임없이 붓는 것입니다. 자녀에게 흘려보낼 건강한 자원이 없다면 자녀에게 비빌 언덕이 되어줄 만큼의 정서적 힘이 없다면, 지금부터라도 아름다운 풍경을 바라보고, 좋은 사람들과 교제하고, 편안한 음악을 들으며 내 안의 건강한 자원들을 차곡차곡 채워 가시기 바랍니다.

아프리카의 어느 부족은 몸이 아프거나 의기소침해지면 부족의 치료사가 나타나 "어디 아프니?"라고 묻는 것이 아니라 다음 네 가지를 묻는다고 합니다. 마지막으로 노래한 것이 언제인가? 마지막으로 춤춘 것이 언제인가? 마지막으로 자신의 이야기를 한 것이 언제인가? 마지막으로 고요히 앉아 있었던 것이 언제인가?

매일매일 건강한 어른으로 성장하며 진정한 사랑을 흘려보내는 이 세상 모든 부모님들을 응원하고 축복합니다. 자녀뿐 아니라 당신도, 사랑받기에 마땅한 사람입니다. 존재만으로도 충분히 아름답고 귀합니다.

And God saw every thing he had made, and, behold,

it was very good.

(Genesis 1:31)

참고문헌

가바사와 시온, 『아웃풋 트레이닝』, 토마토출판사

김성은, 『다 리듬 때문이었어』, 21세기북

김수지, 『신경재활음악치료』, 학지사

김주환, 『내면소통』, 인플루엔셜

안정희, 『엄마가 되고 내면아이를 만났다』, 카시오페아

윤우상, 『엄마심리수업』, 심플라이프

정현주, 『음악치료학의 이해와 적용』, 이화여자대학교출판부

최민아, 『클래식으로 전쟁을 멈춘다면』, 다른

구미희, 이영순(2021). 「세대 간 폭력의 전이 메커니즘에 대한 고찰; 정서내성범위(Window of affect tolerance)를 중심으로」, 한국심리학회지』, 40(3), 239-268.

김진숙(2013). 「애착이론의 내적 작동 모델과 상담적 적용점」, 상담학연구』, 14(6), 313-332.

송창호 외(2011). 「리듬 청각 자극이 만성 뇌졸중 환자의 보행대칭성에 미치는 효과」, 한국산학기술학회논문지』, 12(5), 2187-2196.

유경화(2021). 「유아기 자녀를 둔 부모의 원가족 경험이 양육행동에서 미치는 영향에서 자아존중감의 매개효과」, 미래사회』, 12(1), 65-82.

구자국, 경험도 유전된다. 경향신문, 2017.6.29., www.khan.co.kr/article/201706292119005

양병찬, 고통스러운 유산(painful legacy)—부모의 정서적 트라우마는 대물림될까?, 정신의학신문, 2025.2.7., psychiatricnews.net/news/articleView.html?idxno=16199

Gibson, E. J., & Walk, R. D. (1960). 「The 'visual cliff'」, Scientific American』, 202(4), 64-71.

Greene, C. A., Haisley, L., Wallace, C., & Ford, J. D. (2020). 「Intergenerational effects of childhood maltreatment: A systematic review of the parenting practices of adult survivors of childhood abuse, neglect, and violence」, Clinical Psychology Review』, 80, 101891.

Yehuda, R., Daskalakis, N. P., Bierer, L. M., Bader, H. N., Klengel, T., Holsboer, F., & Binder, E. B. (2016). 「Holocaust Exposure Induced Intergenerational Effects on FKBP5 Methylation」, Biological Psychiatry』, 80(5), 372-380.